Fit for Future

Die Zukunft wird massive Veränderungen im Arbeits- und Privatleben mit sich bringen. Tendenzen gehen sogar dahin, dass die klassische Teilung zwischen Arbeitszeit und Freizeit nicht mehr gelingen wird. Eine neue Zeit – die sogenannte „Lebenszeit" – beginnt. Laut Bundesregierung werden in den nächsten Jahren viele Berufe einen tiefgreifenden Wandel erleben und in ihrer derzeitigen Form nicht mehr existieren. Im Gegenzug wird es neue Berufe geben, von denen wir heute noch nicht wissen, wie diese aussehen oder welche Tätigkeiten diese beinhalten werden. Betriebsökonomen schildern mögliche Szenarien, dass eine stetig steigende Anzahl an Arbeitsplätzen durch Digitalisierung und Robotisierung gefährdet sind. Die Reihe „Fit for future" beschäftigt sich eingehend mit dieser Thematik und bringt zum Ausdruck, wie wichtig es ist, sich diesen neuen Rahmenbedingungen am Markt anzupassen, flexibel zu sein, seine Kompetenzen zu stärken und „Fit for future" zu werden. Der Initiator der Buchreihe Peter Buchenau lädt hierzu namhafte Experten ein, ihren Erfahrungsschatz auf Papier zu bringen und zu schildern, welche Kompetenzen es brauchen wird, um auch künftig erfolgreich am Markt zu agieren. Ein Buch von der Praxis für die Praxis, von Profis für Profis. Leser und Leserinnen erhalten „einen Blick in die Zukunft" und die Möglichkeit, ihre berufliche Entwicklung rechtzeitig mitzugestalten.

Peter Troczynski

Verhandlungen optimal vorbereiten

Methoden – Instrumente – Best Practices

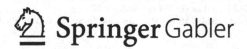

Peter Troczynski
Hünxe, Nordrhein-Westfalen
Deutschland

ISSN 2730-6941 ISSN 2730-695X (electronic)
Fit for Future
ISBN 978-3-658-42391-9 ISBN 978-3-658-42392-6 (eBook)
https://doi.org/10.1007/978-3-658-42392-6

Die Deutsche Nationalbibliothek verzeichnet diese Publikation in der Deutschen Nationalbibliografie; detaillierte bibliografische Daten sind im Internet über http:// dnb.d-nb.de abrufbar.

Gastautoren: Klaus Dieter Lorenzen und Hanno Dettlof

Planung/Lektorat: Isabella Hanser
Springer Gabler ist ein Imprint der eingetragenen Gesellschaft Springer Fachmedien Wiesbaden GmbH und ist ein Teil von Springer Nature.
Die Anschrift der Gesellschaft ist: Abraham-Lincoln-Str. 46, 65189 Wiesbaden, Germany

Geleitwort

„Gute Vorbereitung ist die Basis für Erfolg."

Liebe Leserinnen und liebe Leser,

im Sport ist es selbstverständlich und jeder Mensch versteht es. Klar, die Goldmedaille bei den Olympischen Spielen hat der Sportler nur gewonnen, weil er sich vier Jahre auf diesen einen Wettkampf, diesen einen Tag vorbereitet hat. Gute Vorbereitung mit allem, was dazu gehört, wie Ehrgeiz, Disziplin, Taktik und sehr gute Trainer und Coaches macht im Endeffekt diese Winzigkeit an Vorsprung aus, um den Titel zu gewinnen und den Triumph für sich genießen zu können.

Doch was im Sport als Selbstverständlichkeit angesehen wird, scheint im Berufsalltag in die Kategorie „Habe ich doch nicht nötig!" zu fallen. Zu oft habe ich in die enttäuschten Gesichter von selbsternannten Managern und Führungskräften gesehen, weil einfach das gewünschte Resultat nicht erreicht wurde. Anstatt sich dann aber die Schuld einzugestehen und sich an die eigene Nase zu fassen, weil das erreichte Resultat einfach auf den Grund einer mangelhaften persönlichen Vorbereitung zurückzuführen ist, sucht man den Schuldigen überall außerhalb des persönlichen Wirkungskreises.

Die häufigste Ausrede, die ich dann immer zu hören bekomme: „Ich hatte keine Zeit zur Vorbereitung, weil ..." Und beim „weil ..." sind die Antworten äußerst kreativ. Mir scheint es fast so, als bereitet man sich auf die Ausreden des Misserfolges besser vor als auf das eigentliche Ereignis, sei es ein Wettkampf, ein Date, ein Projekt oder sogar eine Verhandlung.

Wer mich kennt, weiß, meine Antworten sind kurz, hart, aber fair. In diesem Fall lag es einfach an einer falschen Prioritätensetzung. Anscheinend gab es für den Scheiternden einfach andere wichtigere Dinge als den Verhandlungserfolg. Wenn das so ist, dann hat diese Person alles richtig gemacht, darf sich dann aber nicht darüber beklagen, das in diesem Fall erreichte Ergebnis nicht zu seiner Zufriedenheit erreicht zu haben. Übrigens, das Setzen richtiger und vor allem wichtiger Prioritäten sind Grundkenntnisse im Management.

Umso erschreckender ist es, immer wieder feststellen zu müssen, dass viele Entscheidungsträger anscheinend nicht die Grundkenntnisse des Managements beherrschen. Lassen Sie mich ein aktuelles Beispiel nennen:

Ende März 2023 saßen die Führungskräfte der SPD, der FDP und der Grünen unter der Leitung des Bundeskanzlers Olaf Scholz zusammen, um Unstimmigkeiten zwischen den Parteien auszuräumen.

Über 20 Stunden wurde anscheinend verhandelt.

Die Presse bekundete über alle Medien sogar Mitleid mit den armen Politikern, so lange verhandeln zu müssen.

Es tut mir leid, hier der Presse widersprechen zu müssen.

Wer mehr als eine Stunde verhandelt, hat vorher seine Hausaufgaben nicht gemacht. Zudem ist aus der Gehirnforschung erwiesen, dass je länger eine geistige Aktivität andauert, in diesem Fall verhandeln, desto geringer und ineffizienter ist das Ergebnis. Aus diesem Grund hat hier unsere politische Führung keinerlei Mitleid von mir zu erwarten, dafür aber einen weiteren Vorwurf der Steuergeldverschwendung.

Doch damit es Ihnen, verehrte Leserinnen und Leser, anders ergeht als unserer Bundesregierung und Sie erfolgreich vom Verhandlungstisch zurückkehren, dafür steht dieses Verhandlungsvorbereitungswerk von Peter Troczynski.

Mit dem Kauf dieses Buches haben Sie bereits einen Baustein für Ihren persönlichen Verhandlungserfolg getan. Sie bereiten sich bewusst vor. Machen Sie es wie die Hochleistungssportler zu Olympia und gewinnen Sie Ihre Goldmedaille oder einfach die nächste Verhandlung! Vorbereitung ist die Basis zu jedem Erfolg. Danke an Peter Troczynski für dieses Werk, das sich übrigens wunderbar in die Fit-for-Future-Reihe integriert, und zwar als Vorbereitung zu den beiden Werken von Dr. Charlotte Anabelle De Brabandt „Verhandeln für Jedermann" und „Verhandeln in Krisenzeiten".

im August 2023   Herzlichst
                                               Peter Buchenau
                              https://www.peterbuchenau.de

Vorwort

Es gibt wohl kaum eine Fähigkeit, die in unserem beruflichen und privaten Leben so häufig gefragt wird, wie die Fähigkeit zu verhandeln. Verhandlungsführung ist kein intuitiver Prozess. Erfolgreiche Verhandlungen erfordern eine sorgfältige Vorbereitung, eine gute Kenntnis der Verhandlungspartner und ihrer Bedürfnisse.

Für eine gute Verhandlungsvorbereitung ist es wichtig, sowohl über ein solides Methodenwissen als auch über ausgeprägte Fähigkeiten im Beziehungsmanagement zu verfügen. Beide Aspekte ergänzen sich gegenseitig und tragen dazu bei, die Verhandlungsvorbereitung effektiver zu gestalten.

Ich möchte mich bei Prof. Dr. Klaus Dieter Lorenzen sowie bei Hanno Dettlof für die wertvolle Mitarbeit an diesem Buch bedanken. Zwei Experten mit einem ausgeprägten Methodenwissen im Einkaufsumfeld. Ihre Beiträge und Ideen haben dazu beigetragen, dass das Buch nicht nur informativ, sondern durch die vorgestellten Methoden auch anwendungsorientiert und praxisnah ist.

Denn ein fundiertes Methodenwissen über Verhandlungstechniken und -strategien ist entscheidend, um eine
erfolgreiche Verhandlung vorzubereiten. Dies umfasst das
Verständnis verschiedener bewährter Methoden zur Analyse, Zielerreichung und Kompromissfindung. Methodenwissen hilft dabei, Verhandlungsstrategien zu planen,
taktische Entscheidungen zu treffen und flexibel auf
unvorhergesehene Situationen während der Verhandlung
zu reagieren.

Eine weitere zentrale Rolle im Verhandlungsumfeld ist
das Beziehungsmanagement. Eine gute Beziehung zu den
Verhandlungspartnern kann Vertrauen, Offenheit und
Kooperation fördern, was die Chancen auf eine erfolgreiche Verhandlung erhöht. In der Vorbereitung müssen
die Beziehungen zu den Verhandlungspartnern analysiert
und verstanden werden, um Kommunikations- und Verhandlungsstrategien entsprechend anzupassen. Dies
umfasst die Berücksichtigung von kulturellen Unter-
schieden, den Aufbau persönlicher Beziehungen und
das Verständnis der Interessen und Bedürfnisse der Verhandlungspartner. Ein positives Beziehungsmanagement
kann nicht nur zu besseren Ergebnissen führen, sondern
auch langfristige Geschäftsbeziehungen stärken.

Dieses Buch gibt Ihnen eine umfassende Einführung
in die Verhandlungsvorbereitung und ist ein wichtiger
Impulsgeber, Verhandlungen effizient vorzubereiten. Es
wird vielen Verhandlern helfen, ihre Verhandlungsper-
formance zu verbessern und erfolgreichere Verhandlungen
zu führen, ob als Einsteiger oder als erfahrener Verhandler.

Ich habe mir beim Schreiben die Freiheit genommen,
das Gendern zu vermeiden. Das hat mir das Schreiben
erleichtert. Die hier genutzte Form soll als inklusive Form
der Anrede verstanden werden und bezieht sich auf alle
Geschlechter.

Ich wünsche Ihnen viel Erfolg bei der Umsetzung Ihrer Verhandlungsvorbereitung, denn auch Verhandlungserfolge sind planbar.

im August 2023   Peter Troczynski

Vorwort Gastautoren

Aus unzähligen Gesprächen mit Einkäufern wissen wir, dass die Verhandlungsvorbereitung und die Beschaffungsmarktforschung als wesentliche Haupttätigkeiten in Stellenbeschreibungen für Einkäufer verankert sind.

Zudem bestätigen die Mitarbeiter aus dem Einkauf fast ausnahmslos, für genau diese Tätigkeiten zu wenig Zeit zu haben. Nach den Stärken im Einkauf wiederum befragt, tauchen Marktwissen und Verhandlungsgeschick ganz oben bei den Antworten auf.

Anhand dieser Einschätzungen wird bereits deutlich, dass viele Mitarbeiter sich oft in einem Dilemma zwischen Ihrer Selbstwahrnehmung und den Erwartungen Anderer befinden.

Nun kann man sich fragen, ob diese Ineffizienz tatsächlich ein organisatorisches Problem ist oder doch eher ein Vorwand, da man sich effizienter Methodiken gar nicht bewusst ist.

Es ist wichtig zu wissen, dass neben den klassischen Instrumenten der Verhandlungsführung das methodische

Wissen ein wichtiger Schlüssel zum Verhandlungserfolg ist.

Markt, Produkt, Lieferant und Kunde müssen immer im Vordergrund stehen, wenn es um die Faktenbeschaffung für die Verhandlungsvorbereitung geht.

Mehr ist nicht zielführend, denn auch die Aufbereitung der Daten muss mit angemessenem Aufwand gewährleistet sein. Bleibt die Aufbereitung aus, so fällt es schwer, die notwendigen Entscheidungen zu treffen.

Fakten werden niemals der Fakten wegen erhoben, sondern um Charakteristika, Prognosen oder Handlungsempfehlungen abzuleiten. Sie lernen einige Methoden kennen, die es ermöglichen, Stoßrichtungen abzuleiten und aufzuzeigen, um diese so unmittelbar in die Verhandlungsvorbereitung zu integrieren.

Diese Hinweise aus der Praxis werden sicher dazu beitragen, dass die Vorbereitung von Verhandlungen gelingt.

im August 2023
Prof. Dr. Klaus Dieter Lorenzen
Fachhochschule Kiel
Institut für Supply Chain und
Operations Management
Dipl.-Ing. agr. Hanno Dettlof
Dettlofconsulting
Lehrbeauftragter, Fachhochschule Kiel
Institut für Supply Chain und
Operations Management

Inhaltsverzeichnis

Über den Autor

Peter Troczynski „Verhandlungen gewinnen", davon lässt sich Peter Troczynski in seiner mehr als 35-jährigen Berufs-karriere leiten. Nach seinem Studium der Germanistik, Geschichte und Katholischen Theologie hat er eine klassische Vertriebskarriere durchlaufen, vom Vertriebs-beauftragten hin zum Key-Account-Manager, Vertriebsleiter und zum Schluss Geschäftsführer in IT-Unternehmen.

Seine Managementausbildung erhielt er in namhaften Konzernen der Informationstechnologie-Branche.

Er ist gefragter Verhandlungsführer, Verhandlungsberater und Verhandlungstrainer. Seine Kunden sind mittelständische Unternehmen und global agierende Großkonzerne aus unterschiedlichsten Branchen.

Seinen Ruf, messbar deutlich bessere Resultate zu erzielen, hat er sich u. a. durch eine Vielzahl von Verhandlungen erworben, die er im Laufe seines Berufslebens in verschiedenen Branchen geführt hat.

Mehrere tausend Teilnehmer aus seinen Trainings, Coachings und Vorträgen konnten bis heute von den vermittelten Erkenntnissen profitieren und nachhaltige Verhandlungserfolge sicherstellen.

Verhandlungserfolg ist planbar!

1

Verhandlungsvorbereitung wird häufig unterschätzt

Es gibt verschiedene Gründe, warum eine Verhandlungs-vorbereitung vernachlässigt wird.

In vielen Fällen haben die Beteiligten einer Verhandlung viele andere Aufgaben zu erledigen und keine ausreichende Zeit, um sich angemessen auf die Verhandlung vorzu-bereiten. Das hören wir von unseren Teilnehmern sehr häufig.

Neben der mangelnden Zeit fehlt immer noch bei vielen Verhandlern das Verständnis über den Nutzen einer detaillierten Vorbereitung. Sie sind der Meinung, dass sie genug Erfahrung haben oder dass ihre Verhandlungs-fähigkeiten ausreichen, um ohne Vorbereitung erfolgreich zu sein. Besonders bei „erfahrenen Einkäufern" hören wir Aussagen wie „Schauen wir mal, was da so geht" oder „Vorbereitung, habe ich nicht nötig. Ich verhandele schon lange und verfüge über viel Erfahrung."

An dieser Stelle wird schon viel Geld verschenkt. Auch die Verbissenheit, die in so einer Situation entsteht, führt

© Der/die Autor(en), exklusiv lizenziert an Springer Fachmedien Wiesbaden GmbH, ein Teil von Springer Nature 2023
P. Troczynski, *Verhandlungen optimal vorbereiten*, Fit for Future, https://doi.org/10.1007/978-3-658-42392-6_1

häufig zu aggressiven Reaktionen auf beiden Seiten. Besonders dann, wenn festgestellt wird, dass die eigene Zielerreichung in Gefahr ist.

Andere Teilnehmer einer Verhandlung sind sich möglicherweise nicht bewusst, wie wichtig eine angemessene Vorbereitung ist oder welche Schritte erforderlich sind, um sich richtig vorzubereiten.

Manchmal wird eine Verhandlung als nicht so wichtig angesehen und daher wird der Vorbereitung nicht die erforderliche Aufmerksamkeit geschenkt.

Schwierig werden Verhandlungen immer dann, wenn das eigene Ego die Verhandlung nur auf die Durchsetzung der eigenen Ziele treibt. Dann sind auch keine Kompromisse möglich, oder es entsteht ein Kompromiss, der bei näherer Betrachtungsweise einen Verlust für beide Seiten darstellt.

Insgesamt kann die Vernachlässigung der Verhandlungsvorbereitung zu einem schlechteren Verhandlungsergebnis führen.

Eine gute Vorbereitung unterstützt Sie, Ihre Ziele zu definieren, Strategien zu entwickeln und Verhandlungstechniken zu erlernen, die Ihnen dabei helfen, erfolgreich zu sein.

In Verhandlungen kann man viel gewinnen, aber auch viel verlieren.

Durch mangelnde Vorbereitung und vermeidbare Fehler in Verhandlungen wird oft viel Geld verloren.

Woran Verhandlungen vielfach scheitern

Es gibt viele Faktoren, die für das Scheitern von Verhandlungen verantwortlich sind. Ein wesentlicher Grund für das Scheitern von Verhandlungen liegt neben den am Verhandlungsprozess beteiligten Personen auch in einer mangelnden Vorbereitung. Eine unzureichende Vorbereitung auf die Verhandlung kann dazu führen, dass eine Partei nicht in der Lage ist, ihre Ziele und Interessen angemessen zu kommunizieren oder sich auf die Verhandlungstaktik der anderen Partei einzustellen.

Unterschiedliche Erwartungen und Vorstellungen der Parteien können zu Konflikten und Unstimmigkeiten führen. Wenn jede Partei unterschiedliche Vorstellungen davon hat, was sie aus der Verhandlung herausholen will, kann es schwierig sein, eine Einigung zu erzielen.

Wenn eine Partei zu emotional oder persönlich in die Verhandlung involviert ist, kann dies zu einer verhärteten Position führen und die Fähigkeit beeinträchtigen, objektive Entscheidungen zu treffen.

Auch mangelndes Vertrauen einhergehend mit einer gewissen Intransparenz kann dazu führen, dass mindesten eine der Verhandlungsparteien misstrauisch wird. Das führt häufig dazu, dass keine Einigung, noch nicht einmal ein Kompromiss möglich ist. Unvereinbare Ziele der Verhandlungspartner in Verbindung mit unrealistischen Erwartungen sind auch nicht für eine Einigung geeignet.

Weitere Gründe dafür sind z. B., dass die wahren Interessen der Gegenseite nicht erkannt werden. Neben diesen mehr oder weniger klaren Interessen spielen die Wünsche, Ziele, Empfindungen eine weitere Rolle. Welche Argumente finden sich in seinem Sprachgebrauch immer wieder. Mit welchen Einwänden muss beim Gegenüber gerechnet werden? Worauf soll man sich vorbereiten?

Und mit welchem Typ Mensch haben Sie es zu tun? Wenn Sie zum Beispiel als ein rhetorisch gut ausgebildeter Mensch, eine Persönlichkeit mit einer positiven Ausstrahlung, die auch von anderen wahrgenommen wird, in einer Verhandlung auf einen „introvertierten Erbsenzähler" treffen, wird diese Verhandlung mit großer Wahrscheinlichkeit nicht zu dem von Ihnen gewünschten Ergebnis führen, wenn Sie sich nicht auf dieses

Verhaltensmuster einstellen. Das lässt schon das Ego ihres Gegenübers nicht zu. Wenn Sie allerdings wissen, dass ihr Gegenüber ein besonderes Faible für das Angeln hat, kann die Nutzung dieser Kenntnis auch zähe Gespräche in Gang bringen.

Eine mangelnde Bereitschaft, Kompromisse einzugehen oder flexibel zu sein, kann dazu führen, dass die Verhandlungen stagnieren und es unmöglich wird, eine Einigung zu erzielen. Das gilt auch, wenn die Parteien grundsätzlich unterschiedliche Ansichten oder Prinzipien haben. Dann wird es schwierig, eine Einigung zu erzielen, da es keine gemeinsame Basis gibt.

Ein Ungleichgewicht in der Machtverteilung zwischen den Parteien kann dazu führen, dass die stärkere Partei ihre Ziele durchsetzt, während die schwächere Partei ihre Bedürfnisse und Interessen nicht angemessen vertreten kann.

Das sind einige wichtige Gründe, warum Verhandlungen scheitern können. Um Verhandlungen erfolgreich führen zu können, ist eine sorgfältige Vorbereitung die erste Voraussetzung. Transparenz, Flexibilität sowie eine offene Kommunikation eine weitere Voraussetzung.

Zwei Ebenen im Verhandlungsprozess

In einer Verhandlungssituation gibt es immer zwei Ebenen, die als Sach- oder Inhaltsebene und Beziehungs- oder Interaktionsebene gekennzeichnet sind.

Die Sachebene und auch Beziehungsebene sind wichtig, weil sie unterschiedliche Aspekte einer Verhandlungssituation widerspiegeln und beide Ebenen berücksichtigt werden müssen, um erfolgreich zu verhandeln.

Die Sach- oder Inhaltsebene bezieht sich auf das, worüber verhandelt wird, z. B. Produkte, Preise, Lieferbedingungen oder Projekte. Hierbei geht es um die konkreten Zahlen, Daten, Fakten und Argumente, die für die Entscheidungsfindung von Bedeutung sind. Weitere Aspekte wie Leistung, Qualität, Kosten oder Nutzen werden in dieser Ebene diskutiert und bewertet (Abb. 1.1).

Die Beziehungs- oder Interaktionsebene hingegen bezieht sich auf die Art und Weise, wie die Verhandlungspartner miteinander umgehen und welche Beziehung sie zueinander haben, z. B. Vertrauen, Wertschätzung oder Gemeinsamkeiten. Diese Ebene bezieht sich besonders auf die Verhaltensmuster, Vorurteile, Erwartungen, Kommunikation, die Körpersprache, den Umgang miteinander und die Emotionen.

Eine gute Beziehung zwischen den Verhandlungspartnern kann dazu beitragen, dass Verhandlungen erfolgreicher und produktiver sind, indem die Verhandlungspartner einander vertrauen und ihre Absichten und Bedürfnisse offen ausdrücken können. Es ist wichtig, auf die Beziehungsebene in Verhandlungen zu achten, um

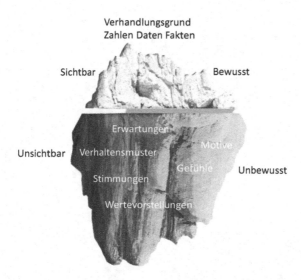

Abb. 1.1 Die zwei Ebenen der Verhandlung. (Grafik: Andrey Kuzmin, 123rf.com)

eine positive Stimmung zu schaffen und eine Zusammenarbeit zu ermöglichen.

Eine erfolgreiche Verhandlung erfordert sowohl eine klare und effektive Kommunikation auf der Sachebene als auch eine positive und respektvolle Interaktion auf der Beziehungsebene.

Auf der Beziehungsebene geht es um die Art und Weise, wie die Verhandlungspartner miteinander umgehen. Wie sind die Beziehungen und das Verhältnis aller am Verhandlungsprozess beteiligten Personen und was kann für die Verhandlungen genutzt werden.

Eine erfolgreiche Verhandlung berücksichtigt sowohl die Sach- als auch die Beziehungsebene. Diese Ebenen sind fundamental für eine erfolgreiche Durchführung von Verhandlungen und sollten von allen Verhandlungspartnern berücksichtigt werden.

2

Teil 1: Wichtige Methoden für die Verhandlungsvorbereitung

Verhandlungsvorbereitung basiert auf belastbaren Fakten und Informationen, die richtig genutzt eine Wirkung erzielen sollen. Bezogen auf die Verhandlungsziele sollen sie die eigene Argumentationskette stützen, die des anderen falsifizieren. Fehlen Fakten, werden Entscheidungen unter Unsicherheit getroffen und man setzt sich bewusst Risiken aus.

Fakten dienen also den 4 (Bs) Elementen einer schlüssigen Argumentation:

- Behauptung aufstellen
- Begründung formulieren
- Beweis führen
- Beispiel aufzeigen

Bezogen auf deren erwiesener Wirkung, bezeichnen wir diese Fakten als evidenzbasiert. Nur diese Informationen sind also in der Vorbereitung zu erheben und von denen

© Der/die Autor(en), exklusiv lizenziert an Springer Fachmedien Wiesbaden GmbH, ein Teil von Springer Nature 2023
P. Troczynski, *Verhandlungen optimal vorbereiten,* Fit for Future,
https://doi.org/10.1007/978-3-658-42392-6_2

zu trennen, die keinen Mehrwert bezogen auf die Verhandlungsziele haben.

Der Frage, welche Daten zu erfassen sind, begegnet man am besten, indem man sich auf nur 3 Untersuchungsgegenstände im Rahmen der Vorbereitung und Recherche fokussiert:

- Beschaffungsmarkt (Angebot und Nachfrage)
- Beschaffungsgegenstand (Warengruppe)
- Lieferant (Hersteller)

Jeder dieser Themenbereiche liefert unzählige Informationen, die wiederum nach ihrer Relevanz geordnet werden müssen. Die Relevanz orientiert sich an offenen Fragen bzw. den Antworten, die ich suche.

Habe ich keine Fragen für mich formuliert, die in Bezug zur Information stehen, so ist die Information irrelevant.

Warum will ich also etwas erfragen, erforschen, erheben?

Hierzu ein Beispiel:

Beispiel

Stellen wir uns vor, dass z. B. die Innovationskraft eines potenziellen Lieferanten von dessen Seite immer wieder in den ersten Gesprächen betont wird. In dem Wissen, dass für uns in dieser Warengruppe Innovation von hoher Bedeutung ist, wird der Lieferant nicht müde diese Karte auszuspielen.

- Lassen sich unsere Zweifel an seiner Innovationskraft frühzeitig mit Fakten belegen?
- Wonach sollten wir recherchieren und wie erheben wir diese Fakten?

Neue Lieferanten werden in der Regel mit einer Selbstauskunft belegt. Diese erhebt vor der Lieferung Informationen, die für eine spätere Beziehung wichtig sind und mögliche Anbahnungsrisiken aufzeigen. Fehlende Innovationskraft könnte eine solche Information sein. Wonach frage ich nun?

Zwei typische Fakten werden in diesem Szenario i. d. R. erhoben:

- Anteil für Forschungs- und Entwicklungsausgaben am Umsatz der letzten 3 Jahre,
- Anzahl angemeldeter Patente der letzten 3 Jahre.

Werden diese Daten in ein Verhältnis zum Branchendurchschnitt gesetzt, so kann man eine im Raum stehende Aussage wie die unseres Beispiellieferanten relativieren. F&E-Ausgaben liegen z. B. in Deutschland im Durchschnitt im Mittelstand bei 2,5 % – in einzelnen Branchen insgesamt bei bis zu 9 %.

Nehmen wir an, unser Lieferant im Beispiel hat uns 1 % F&E-Ausgaben genannt und darüber hinaus informiert, dass es zurzeit keine Patentanmeldungen gibt.

Sein Argument besonderer Innovationskraft kann mit den Fakten entkräftet oder zumindest in Zweifel gezogen werden. Als Verhandlungsargument des Lieferanten scheint es nicht von großer Bedeutung zu sein.

2.1 Methoden zur systematischen Faktenaufbereitung

Unser vorausgegangenes Beispiel aus dem Bereich „Lieferant" bezieht sich auf eine einzelne Information und gibt kein umfassendes Bild ab. Um dieses zu erreichen, müssen Datenbündel nach dem jeweiligen Untersuchungsgegenstand zusammengefasst werden. Dieses ermöglicht die Analyse und die Formulierung einer Kernaussage.

In der Praxis haben sich 4 Analysemethoden zur Faktenaufbereitung bewährt, die in diesem Kapitel näher beschrieben werden:

- Porter-Analyse/5-Kräfte-Model
- Pestel-Analyse
- Lieferantenprofile
- Warengruppendossiers

Zu einer systematischen Faktenaufbereitung gehört die Erfassung von Daten und Informationen nach einer ausgewählten Methodik, die zum Standard im Beschaffungsbereich erhoben wird. Nur damit wird gewährleistet, dass Wissen abrufbar wird und sich die Einkäufer unabhängig von ihrer (Waren-)Gruppenzugehörigkeit schnell mit einem Thema auseinandersetzen und Erkenntnisse gewinnen können.

Die Bearbeitung von ähnlichen Fragestellungen erfolgt damit nicht unterschiedlich nach Personen und deren individuellen Arbeitsweisen, sondern nach einem festgelegten Muster.

Weitere Vorteile liegen insbesondere in einem effizienten Onboarding neuer Mitarbeiter und in der Fokussierung auf Inhalte und weniger auf die Darstellungsformen.

Liegen zudem Templates für die Faktenaufbereitung in einem Beschaffungsbereich vor, ist die Erledigung der Aufgaben oft niederschwelliger.

Alle hier ausgewählten Methoden gehören heute zum Standard im strategischen Einkauf und sind immer auch Teil eines bereichsübergreifenden Warengruppenmanagements.

Mit dem Begriff Fakten sind unweigerlich eine Nachweisbarkeit und/oder empirische Herleitung verknüpft. Spekulative Herleitungen sind damit nicht verknüpft. Dennoch führen Fakten nicht immer zu einer klaren Argumentation und stützen bestmöglich Veränderungen. Aus dem Veränderungsmanagement kennt man sachliche und emotionale Ebenen. Beide sind gleichermaßen wichtig, will man auf Veränderungen Einfluss nehmen.

Um diese Überlegungen in die Verhandlungsvorbereitung einzubeziehen, werden im Folgenden 3 weitere bekannte Strukturierungsansätze vorgestellt:

- Strengths-Weaknesses-Opportunities-Threats-Analyse (SWOT-Analyse)
- Kraftfeld-Analyse
- Kompromissmatrix/Nutzwertanalyse

Alle 3 Ansätze sind oftmals aus der strategischen Planung, dem Changemanagement oder dem Projektmanagement bekannt und lassen sich gut als Standardmethodik in die Verhandlungsvorbereitung integrieren.

Wie zu Beginn ausgeführt sind alle Methoden zur systematischen Aufbereitung von Fakten wichtig, um in Verhandlungen eine fundierte und überzeugende Argumentation zu haben. Durch eine vorab strukturierte Herangehensweise können alle relevanten Fakten und Daten gesammelt und geordnet werden.

Dadurch ist es zudem möglich, die eigene Position und die Argumentation klar und verständlich darzulegen und auf mögliche Gegenargumente vorbereitet zu sein. Eine systematische Aufbereitung von Fakten kann auch dazu beitragen, dass man in der Verhandlung selbstbewusster und sicherer auftritt, da man auf eine fundierte Basis zurückgreifen kann.

Warum sich diese genannten 3 Methoden zur Verhandlungsvorbereitung anbieten, sei kurz mit Stichworten umschrieben:

- SWOT-Analyse: Diese Methode hilft bei der Identifizierung von Stärken, Schwächen, Chancen und

Bedrohungen. Diese Faktoren können bei Verhandlungen berücksichtigt werden.

- Kraftfeld-Analyse (Force Field Analysis): Diese Methode hilft bei der Identifizierung der Kräfte, die für oder gegen eine Entscheidung sprechen.
- Kompromissmatrix: Hierbei werden die Forderungen beider Parteien in einer Matrix gegenübergestellt und die möglichen Kompromisslösungen ermittelt.

Es wird noch einige andere Modelle geben. Es ist jedoch wichtig zu beachten, dass keine Methode die „richtige" ist und es sich um eine individuelle Entscheidung handelt, welche Methode am besten geeignet ist.

Wichtig ist, dass die ausgewählte Methode die relevanten Informationen effektiv und übersichtlich darstellt und emotionale und sachliche Ebenen angesprochen werden.

Systematik der Analysemethoden
Die im folgenden ausgewählten Analysemethoden befassen sich mit den Untersuchungsgegenständen Markt, Warengruppe und Lieferant und bündeln Informationen zu Kernaussagen. Aussagen werden so zu folgenden 4 Bereichen getroffen:

- Marktbalance
- Marktrisiken
- Lieferantenpotenzial
- Warengruppenbedeutung

Jede einzelne Analyse liefert damit wertvolle Informationen für die Verhandlungsvorbereitung und nimmt Einfluss auf die spätere Verhandlungsstrategie.

Werden die Methoden im Einkaufsbereich als „Best Practice" standardisiert, ergeben sich zudem positive Effekte durch

- die Verankerung und Archivierung von Wissen,
- die systematische Erfassung von Veränderungen,
- einen Informationspool für angrenzende Fachbereiche,
- die Schaffung von Grundlagen für nachfolgende Strategieformulierungen.

2.1.1 Porter-Analyse

Ein Gastbeitrag von Hanno Dettlof
Die von Michael E. Porter geprägte Analyse ist auch als Branchenstrukturanalyse bekannt. Ihre Verwendung ist der strategischen Unternehmensführung zuzuordnen und dient der Bestimmung der Attraktivität einer Branche. Es wird demnach immer ein Markt oder eine Branche betrachtet und kein Einzelunternehmen.

Der Erfolg eines Unternehmens hängt von der Marktstruktur ab und bestimmt dessen Wettbewerbsstrategien. Porter spricht in diesem Zusammenhang von der Attraktivität eines Marktes, die sich durch 5 Wettbewerbskräfte maßgeblich beeinflussen lässt.

In der Verhandlungsvorbereitung kann diese Logik der Porter-Analyse genutzt werden, um die Marktdynamik von Beschaffungsmärkten zu beschreiben. Im Kern geht es dabei für den Einkauf darum, systematisch Fakten zusammenzutragen, die als Schlussfolgerung folgende Frage beantworten:

Ist der Beschaffungsmarkt ein Käufer- oder Verkäufer-markt?

Mit der Antwort auf diese Frage bewegen wir uns im Bereich der externen Analyse. Ihr gegenüber steht die interne Analyse, die sich nicht mit dem Markt beschäftigt, sondern mit der Warengruppe bzw. dem Beschaffungs-gegenstand.

Die Fakten und Informationen werden nach 5 Bereichen gruppiert. Hiervon abgeleitet findet man die Porter-Analyse auch als 5-Kräfte-Modell in der Literatur.

Aus der Betrachtung der 5 Kräfte ergibt sich ein Raster, das die Marktstruktur beschreibt (vgl. Abb. 2.1). Die im Ursprung des Modells abgeleitete Attraktivität eines Marktes oder einer Branche steht für die Möglichkeit,

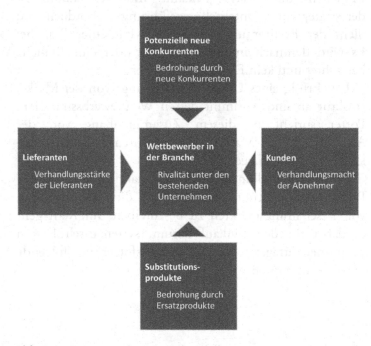

Abb. 2.1 Porter-Analyse Grundmodell

einen langfristig profitablen Weg als Unternehmen in einem Markt einzuschlagen.

Aus Sicht eines Anbieters in einem Beschaffungsmarkt ist die Konstellation eines Verkäufermarktes im Sinne der Attraktivität i. d. R. immer vorzüglicher. Der Käufermarkt gibt dem Einkauf grundsätzlich mehr Handlungsoptionen, hat aber nur Bestand, solange es den Anbietern im Käufermarkt gelingt, als Kostenführer Positionen zu behaupten.

Bevor wir zu den Schlussfolgerungen kommen, blicken wir zunächst auf die 5 Kräfte des Analysemodells:

- Verhandlungsmacht der Lieferanten,
- Verhandlungsmacht der Kunden,
- Bedrohung durch neue Wettbewerber,
- Bedrohung durch Ersatzprodukte,
- Wettbewerbsintensität in der Branche.

Für die Anwendung im Einkauf und die Nutzung als Verhandlungsvorbereitung ist nochmals die einzunehmende Perspektive zu betonen.

Der Einkauf positioniert sich als der Kunde und schätzt seine eigene Verhandlungsmacht in dem Markt ein. Der Lieferant agiert in dem untersuchten Markt als Anbieter/ Hersteller, und seine Verhandlungsmacht hängt von der Marktstruktur und seinen Wettbewerbsstrategien ab.

Der detaillierte Blick auf die 5 Kräfte macht deutlich, worauf bei der Analyse und Beschaffung der Fakten der Fokus zu richten ist.

Verhandlungsmacht der Lieferanten
Eine starke Verhandlungsposition von Lieferanten hat eine unmittelbare Wirkung auf die Profitabilität und die Durchsetzung von eigenen Interessen.

Stellen wir in einem Beschaffungsmarkt fest, dass Vorlieferanten der Lieferanten ihre Position nutzen, um Preise zu erhöhen und Qualitäten „einzufrieren", wird sich dies unmittelbar auf uns als Abnehmer auswirken.

Es wird versucht werden, Preise durchzureichen und darüber hinaus die Erhöhung der Nachfrageelastizitäten auszuloten. Preisforderungen sind dann insbesondere durch den Einkauf auf den Prüfstand zu stellen.

Grundsätzlich ist festzuhalten, dass Unternehmen in einem Markt mit geringer Macht der Lieferanten ihre eigenen Margenziele besser steuern können und dies als attraktiver betrachten.

In der aktuellen Situation der Jahre 2021–2023 erkennen wir in vielen Beschaffungsmärkten eine deutliche Zunahme der Verhandlungsmacht der Lieferanten.

Um diesen Faktor weiter zu beschreiben und zu untermauern, kann der Einkauf auf folgende Indikatoren achten und bei seiner Recherche herausarbeiten:

- Das angebotene Produkt ist Teil einer Marke und der Anbieter setzt auf eine starke Differenzierung seines Angebotes.
- Gleichwertige oder baugleiche Produkte mit gleicher Funktionalität sind nicht im Markt verfügbar.
- Die sogenannten Wechselkosten (monetärer, regulatorischer oder zeitlicher Aufwand) sind hoch im Falle eines Wechsels der Bezugsquelle.
- Geringe Umsatzanteile beim Lieferanten.
- Hoher Kostenanteil an den Gesamtkosten.
- Marktkonzentration bei Vorlieferanten oder dem Lieferanten selbst.
- Insourcing oder Rückwärtsintegration ist nicht realistisch.

Verhandlungsmacht der Kunden

Aus Sicht eines Lieferanten ist sein eigener Markt umso attraktiver, je weniger Macht seine Kunden besitzen. Mehr Macht beim Kunden heißt mehr Optionen, geringe Preise zu fordern und durchzusetzen. Der Einkauf als Kunde in diesem Szenario sollte also genau einschätzen, was seine Pluspunkte im jeweiligen Beschaffungsmarkt sind. Diese Wettbewerbskraft ist deutlich mit einer systematischen Verhandlungsvorbereitung verknüpft. Sie stellt heraus, welche Argumente in einer Verhandlung in jedem Fall durch den Einkauf zum Einsatz kommen sollten.

Weitere Anzeichen für eine hohe Verhandlungsmacht des Kunden sind:

- Hohe Vergleichbarkeit der angebotenen Produkte.
- Geringe Wechselkosten beim Austausch der Lieferantenbasis.
- Einfache Recherche und Identifikation von Alternativprodukten auch bei Vormaterialien.
- Hohe Umsatzanteile beim Zulieferer.
- Warengruppe hat geringen Einfluss auf die Kosten.
- Einer von wenigen Nachfragern im Markt.
- Möglichkeit des Insourcings ist sehr realistisch.

Bedrohung durch neue Wettbewerber

Einkäufer kennen Beschaffungsmärkte, die sich durch eine hohe Regulierung auszeichnen. In der Vergangenheit gehörten Energiemärkte, Luftfahrt oder Agrarmärkte in hohem Masse dazu. Im Zuge der Deregulierung haben viele Märkte einen Preisabschwung durch mehr Wettbewerb erlebt.

Ein anderer Treiber ist der technische Fortschritt bzw. Technologie, die den Strukturwandel forciert. Bekanntes Beispiel ist z. B. der Markt für Druckartikel, der durch das

Aufkommen der sogenannten Internetdruckereien und den Fortschritt im Digitaldruck stark verändert wurde.

Der Zugang zu Märkten wird damit erleichtert, bisherige Barrieren werden abgeschafft und Preise geraten unter Druck.

In einem derartigen Umfeld sinkt die Attraktivität für bisherige Anbieter, da es immer schwieriger wird, Kapazitäten auszulasten. Lieferanten werden daher alles tun, gewohnte Eintrittsbarrieren „hochzuhalten". Dazu zählen auch alle Anstrengungen im Bereich der Verbände und Lobby-Organisationen, um einen gewohnten Schutzmechanismus aufrecht zu halten.

Andere Anzeichen sorgen weiterhin für ein Aufrechterhalten von Eintrittsbarrieren:

- Neue Anbieter werden ihr Volumen erst langsam hochfahren können in dem Maße, wie sie Marktanteile gewinnen. In dieser Phase sind die Vorteile durch Skaleneffekte (Economies of Scale, EoS) bei den etablierten Anbietern. Dieses schützt sie zunächst. Verpackungsmärkte sind z. B. Märkte, die hohe EoS generieren können.
- Patente, Lernkurven oder exklusive Zugänge zu Rohstoffen können ebenfalls die Barrieren aufrechterhalten. Laufen Patente aus, ist die Wirkung entsprechend gegenläufig.
- Nötige Anfangsinvestitionen in die Infrastruktur, in Entwicklungszentren oder für absatzfördernde Maßnahmen können den Markteintritt erschweren.
- Wegen hoher Wechselkosten können potenzielle Anbieter zögern, in Märkte einzutreten (Beispiel: Pharmaindustrie).
- Massive Abwehrreaktionen finanzstarker Marktführer und etablierter Markenartikler.

- Subventionen und politische Rahmenbedingungen schützen bestehende Anbieter.

Bedrohung durch Ersatzprodukte

Grundsätzlich ist die Bedrohung durch Ersatzprodukte immer dann gegeben, wenn die Preiselastizität der Nachfrage gering ist. Substitute erfüllen die Kundenerwartung grundsätzlich, sind aber in einigen Charakteristika abweichend vom bisherigen bekannten Standard. Gelingt es aufzuzeigen, dass die abweichenden Aspekte nicht relevant sind oder aber einen Mehrwert haben, werden die Produkte als Substitut wahrgenommen und zu einer Bedrohung für etablierte Anbieter.

Bei geringer Elastizität werden Kunden wechseln und die Attraktivität eines Marktes gerät für angestammte Lieferanten unter Druck.

Viele Beispiele hierfür kommen aus dem Konsumgüterbereich, wie das Aufkommen von Eigen- oder Handelsmarken im Handel belegt. Im technischen Umfeld können wir uns die Akzeptanz von Alternativprodukten durch den Tausch von eingesetzten Materialien vorstellen. Aktuell ist der Einsatz von Ersatzprodukten durch die Zusage von mehr „Nachhaltigkeit" geprägt.

Weitere Beeinflussung der Bedrohung durch Ersatzprodukte:

- nachweislich bessere Preis-/Leistungsverhältnisse,
- geringe Wechselkosten bei einem Umstieg,
- Risikobereitschaft der Abnehmer.

Wettbewerbsintensität in der Branche

Schmälert der Wettbewerb die Gewinnaussichten einer Unternehmung, wird ein Markt als unattraktiv empfunden. Die Rivalität kann in Märkten und im Kampf um Marktanteile ruinös sein. Einerseits wird der intensive Wettbewerb durch einen „Preis-kampf" und „Rabattschlachten" langfristig zu Verlusten führen, andererseits kann die Differenzierung durch einen Zuwachs an wahrgenommener Qualität durch mehr Leistungen und Features langfristig die Kosten sprengen. Unternehmen werden dann Gegenstand von Akquisitionen oder verlassen den Markt. Eine Neu-ordnung von Kapazitäten insbesondere auch deren geo-graphischer Zuordnung kann die Folge sein.

Im Kampf um die Auslastung der Kapazitäten sinken dann die Preise bis auf die Höhe der variablen Kosten.

Eine kurzfristige hohe Rivalität im Markt kann zudem saisonal bedingt sein und bestimmt für den Einkauf den Einkaufszeitpunkt und die Laufzeit von Verträgen. Dies kennt der Einkauf aus Rohstoffmärkten.

Aussagekräftige Fakten sind in dieser Dimension zudem die Eigenkapitalrendite und Wachstumsraten. Geringe Eigenkapitalrenditen deuten auf eine hohe Wettbewerbs-intensität, hohe Wachstumsraten fördern eine geringe Wettbewerbsintensität.

Die Rivalität in einem Markt wird geprägt durch:

- Polypolistische Strukturen mit geringen Margen und Kostenführern als denjenigen mit den größten Markt-anteilen.
- Branchen mit einem schrumpfenden Absatz. Hier wird die Wettbewerbsintensität beschleunigt. Wachstum hin-gegen lässt Raum für Zugewinne von Marktanteilen.
- Auslastung von Überkapazitäten. Anbieter werden den Druck, Aufträge zu generieren, nicht verstecken können.
- Hohe Fixkosten, die den Druck auf die Auslastung erhöhen.
- Kosten für die notwendige Stilllegung von Überkapazi-täten können auch eine Austrittsbarriere sein.

• Austauschbarkeit der Produkte.

Führt der Einkauf eine Porter-Analyse durch, so sind die einzelnen Kräfte tabellarisch aufzuführen und die gesammelten Informationen ihnen zuzuordnen. Hierzu finden Sie in Abb. 2.2 ein Beispiel.

Jeder Dimension ist dann ein Fazit zuzuordnen, bezogen auf die Zielgröße der Marktbalance (sprich: Käufer- oder Verkäufermarkt). Es hat sich als sinnvoll erwiesen, die Einschätzungen für die aktuelle Situation abzugeben und ebenso für einen zukünftigen Zeitraum. Dies ermöglicht die Projektion und beeinflusst unmittelbar die Verhandlungsstrategie.

Abb. 2.3 gibt ein einfaches Beispiel für die Darstellung des Szenarios als Profil.

2.1.2 Pestel-Analyse

Ein Gastbeitrag von Klaus Dieter Lorenzen
Hat sich die Porter-Analyse eher mit dem mikrounternehmerischen Umfeld beschäftigt, finden wir in der Pestel-Analyse ein Werkzeug vor, das sich mit dem makroökonomischen Umfeld beschäftigt.

Ihr Einsatz ist insbesondere dann gefragt, wenn sich der Einkauf geographisch in neue Beschaffungsregionen begibt.

Die Pestel-Analyse hat bereits seit einigen Jahrzehnten eine besondere Bedeutung im Rahmen der strategischen Planung. Ihr Zweck besteht grundsätzlich darin, Organisationen, insbesondere Unternehmen, dabei zu helfen, das externe Umfeld, in dem sie tätig sind, zu verstehen, potenzielle Risiken und Chancen zu erkennen, um auf der Basis fundiertere, sicherere strategische Entscheidungen zu treffen. Für den Einsatz im Einkauf

Wettbewerbskraft nach Porter	Typische Einflussfaktoren auf die Wettbewerbskraft	Beobachtung durch den Einkauf (Beispiele)
Neue Wettbewerber / Konkurrenz / Rivalität	Hohe Vergleichbarkeit, geringes Wachstum, geringe Auslastungen, Marktanteilskampf, hohe Austrittsbarrieren	Digitaldruck, Internethandel
Substitutionsgefahr	reale oder potentielle attraktive Ersatzprodukte, offensives Marketing für Ersatzprodukte und –Dienstleistungen unmögliche Abwehr von Substitutions-produkten etwa durch einheitliche Standards, Besetzen von Vertriebskanälen und ähnliches neue Produkte durch die Technologieentwicklung,	Austausch von Materialien aus Nachhaltigkeitserwägungen, Alternative Antriebstechnologien, Materialeffizienz-projekte
Anzahl der Marktteilnehmer (Eintrittsbarrieren)	Höher Investitionsbedarf, Economies of Scale möglich, Wechselkosten,...	Neue Anbieter durch Digitalisierungseffekt (Internet-Druckereien),Wenige neue Anbieter durch hohe Markentreue, Wenige neue Anbieter durch Investitionsbedarf (Halbleiter, Glas ...), Wenige Anbieter durch Patentschutz (Chemie, ..) Viele neue Anbieter durch einfachen Marktzugang (Zeitarbeit) Neue Anbieter durch Kostenvorteile (Marketing Streuartikel)
Verhandlungsmacht Abnehmer	hohe Marktmacht auf der Seite der Abnehmer eine große Zahl alternativer Anbieter für den Käufer (Standardisierte austauschbare Produkte), Kosten- und Markttransparenz für die Abnehmer (Bsp. Marktplätze) Risiken für den Käufer beim Wechsel des Lieferanten hoher Anteil der glaubhaften Drohung mit Rückwärtsintegration in der Wertschöpfungskette	Deregulierte Märkte schaffen mehr Käufermarktsituationen (Flugreisen ...)
Verhandlungsmacht Zulieferer	große Wettbewerbsvorteile des gelieferten Produkts geringe Zahl der potentiellen Lieferanten große Bedeutung des Produkts für die Qualität des Produkts des Kunden hohe Umstellungskosten beim Wechsel der Lieferanten geringe Bedeutung des Kunden für den Lieferanten glaubhaftes Inter-esse an einer Vorwärtsintegration	Lange Zulassungszeiten z.B. im Pharmabereich.

Abb. 2.2 Porter-Analyse/Beurteilungsraster

BEISPIEL	Branchenattraktivität					
	Aktuelle Situation			Erwartete Situation		
	Gering	Mittel	Hoch	Gering	Mittel	Hoch
Markteintrittsbarrieren	X					X
Marktaustrittsbarrieren		X				
Konkurrenzdruck unter den Marktteilnehmern		X				X
Verhandlungsmacht des einkaufenden Unternehmens	X					X
Verhandlungsmacht der Zulieferer			X			
Gesetzliche Auflagen		X				
Gesamteinschätzung		X				X

Abb. 2.3 Porter-Analyse/Szenario-Profil

und die Verhandlungsvorbereitung bedeutet dies, dass die Pestel-Analyse insbesondere bei strategischen Entscheidungen (z. B. Internationalisierung der Beschaffungsmärkte oder Aufbau strategischer Partnerschaften zu Schlüssellieferanten) eingesetzt werden kann, um systematisch Einflussfaktoren in der Lieferkette zu identifizieren, die das Erreichen der strategischen Ziele fördern oder hemmen können.

Die Pestel-Analyse ordnet dazu die (Einfluss-)Faktoren sechs Kategorien zu (Abb. 2.4).

In Abhängigkeit von den zu unterstützenden strategischen Entscheidungen ergeben sich unterschiedliche Merkmale, die betrachtet werden. Auch wenn die Pestel-Analyse bei der strategischen Planung auf Geschäftsfeldebene ihren Schwerpunkt hat und dabei auf einer makroökonomischen Ebene ansetzt, kann sie gut auf den Einkauf und die Vorbereitung von Verhandlungen z. B. durch die Modifikation der betrachteten Einflussfaktoren angepasst und angewandt werden.

Abb. 2.4 Unternehmensexterne Einflussfelder (Pestel)

Für Einkaufsentscheidungen können dies z. B. die folgenden Punkte sein:

- **P**olitical (politisch),
  z. B. gesetzliche Regelungen und staatliche Strategien, Handelsabkommen, politische Stabilität und Kontinuität, Ausrichtung der Außen- und Wirtschaftspolitik, Digitalisierungsinitiativen, Demokratisierungsgrad, Rechtsstaatlichkeit, Local-Content-Forderungen …
- **E**conomic (wirtschaftlich),
  z. B. Auftragslage bzw. Kapazitätsauslastung und Lieferzeiten, Materialverfügbarkeit, Verfügbarkeit von Energie, logistische Infrastruktur, Inflation, Verfügbarkeit qualifizierter Arbeitskräfte, Zinssätze, Wechselkurse und Kaufkraft der Verbraucher …
- **S**ociocultural (soziokulturell),
  z. B. demografische Veränderungen, kulturelle Werte, Veränderungen in Überzeugungen und Einstellungen,

z. B. bezogen auf Nachhaltigkeit, Arbeitsleben, Konsum, Unternehmen ...

- **Technological** (technologisch),

  z. B. technologischer Fortschritt/Innovationskraft, Veränderungen der Produktions- und Logistikprozesse, digitale Infrastruktur, Umwelttechnologien, Produktivitätsfortschritt ...

- **Environmental** (ökologisch),

  z. B. Auswirkungen des Klimawandels, Umweltbelastungen (Boden, Wasser, Luft), Abfall- bzw. Kreislaufwirtschaft und Nachhaltigkeitsthemen, Ressourcenverknappung ...

- **Legal** (rechtlich),

  z. B. Rechtssicherheit, Schutz geistigen Eigentums, Verfahren bei Rechtsstreitigkeiten, Korruption, Veränderungen von Gesetzen und Vorschriften, z. B. Compliance- oder Transparenz-Anforderungen ...

Eine Besonderheit bei der Anwendung der Pestel-Analyse im Einkauf besteht darin, dass nicht nur die Wirkung auf das eigene Unternehmen, sondern auch die Wirkungen auf die (gesamte) Supply Chain, die Lieferkette, relevant sind. Das heißt, dass ein z. B. in Deutschland ansässiges Unternehmen mithilfe einer Pestel-Analyse die eigene Organisation, relevante (internationale) Lieferanten auf der ersten und ggf. den tieferen Ebenen und die logistischen Prozesse betrachten muss. Insoweit liefert die Pestel-Analyse einen guten Strukturierungsrahmen, um auch im Rahmen von Nachhaltigkeitsprojekten oder im Zusammenhang mit dem Risikomanagement den Blick auf wesentliche Einflussgrößen (mit Wirkung auf Nachhaltigkeit oder Risiken) zu lenken.

Eine Pestel-Analyse für den Einkauf oder die Beschaffung führt somit zur Bewertung der (relevanten) Umweltfaktoren, die den Prozess der Beschaffung von

Waren und Dienstleistungen beeinflussen können. Die Vorgehensweise zur Durchführung einer Pestel-Analyse für die Beschaffung entspricht der einer allgemeinen Pestel-Analyse. Lediglich in der konkreten Umsetzung ergeben sich Unterschiede. Typischerweise sind die folgenden sechs Schritte zu gehen:

1. Ziel und Umfang der Pestel-Analyse definieren
Der konkrete Bereich der Beschaffung, der analysiert werden soll, wird festgelegt. Dies können z. B. bestimmte Materialgruppen in den Bereichen Rohstoffe, Investitionsgüter oder Dienstleistungen sein. Oder es geht um die Internationalisierung der Beschaffung und bestimmte Regionen dieser Welt und dort ansässige, potenzielle Lieferanten sollen genauer untersucht werden. Zu diesem ersten Schritt gehört auch die Beantwortung der Frage, was nicht betrachtet wird, damit die Analyse auf das Ziel fokussiert durchgeführt werden kann.

2. Identifizieren der relevanten Faktoren in den sechs Kategorien
In diesem Schritt werden die politischen, wirtschaftlichen, soziokulturellen, technologischen, ökologischen und rechtlichen Faktoren ermittelt, die sich auf den langfristigen Erfolg (es geht um strategische Planung) der Beschaffungsentscheidungen auswirken können. Was in welchem der Pestel-Felder könnte bewirken, dass sich eine Entscheidung zugunsten eines Lieferanten im Land „XYZ" als sehr glückliche oder als sehr schlechte Entscheidung herausstellen wird. Welche Chancen (z. B. ein sich entwickelnder Beschaffungsmarkt mit niedrigen Preisen) und welche Risiken (z. B. politische Instabilität, Abhängigkeiten und Umweltverschmutzung) wirken sich fördernd oder hemmend auf die Zielerreichung aus? Werden ergänzend die Stärken und Schwächen des eigenen Unter-

nehmens bzw. der eigenen Einkaufsorganisation berücksichtigt, bewegen wir uns methodisch im Bereich der SWOT-Analyse. Die Informationsbeschaffung kann sich auf öffentlich verfügbare Quellen, z. B. Länderberichte, Branchenanalysen, Marktberichte, oder auch auf Expertenwissen und das Knowhow der eigenen Einkaufsorganisation stützen.

3. Bewertung der Faktoren

Die im vorherigen Schritt identifizierten Faktoren bzw. Einflussgrößen haben eine sehr unterschiedliche Wirkung auf den Beschaffungsprozess. Sie können sich in ihrer Richtung (positiv oder negativ), ihrer zeitlichen Wirksamkeit (sofort oder verzögert), der Wahrscheinlichkeit ihres Eintretens und der Bedeutung ihrer Folgen für das Unternehmen erheblich unterscheiden. Methodisch ist die Bewertung nicht trivial, da sie einerseits sehr komplex ist und sich andererseits nur begrenzt faktenbasiert durchführen lässt und damit zu einem erheblichen Teil subjektiv geprägt wird. Zur Objektivierung kann der Einkauf teilweise auf Daten aus der Lieferantenbewertung zurückgreifen, wenn diese mehr als nur die Basisinformationen, z. B. Termin- und Mengentreue, betrachtet. Eine weitere Quelle könnten Informations-Dienstleister sein, die beispielsweise die wirtschaftliche Lage, Chancen und Risiken von Unternehmen oder Ländern bewerten. Bezogen auf die Verhandlungsvorbereitung kann bereits an dieser Stelle deutlich werden, dass Lieferanten inakzeptabel sind, weil sie z. B. aus „kritischen" Regionen oder Ländern stammen oder weil sie aufgrund ihrer Leistungsfähigkeit nicht infrage kommen.

4. Priorisieren der Faktoren

Auf Grundlage der Folgenabschätzung wird für die Faktoren festgelegt, welche für den Einkauf bzw. das

Unternehmen am wichtigsten sind, weil sie die potenziell größten Auswirkungen haben. Die Faktoren werden dann in eine Rangfolge gebracht, wobei die wichtigsten Faktoren eine höhere Priorität erhalten. Während ein Faktor mit der Merkmalskombination „geringe positive Wirkung, geringe Wahrscheinlichkeit des Eintretens, keine Folgen" nicht weiter betrachtet werden muss, wäre einem Faktor mit den Merkmalen „starke negative Wirkung, hohe Eintrittswahrscheinlichkeit, die Existenz bedrohende Folgen" höchste Aufmerksamkeit zu widmen.

5. Entwickeln von Beschaffungsstrategien

Die durch die Pestel-Analyse gesammelten Informationen werden im nächsten Schritt zur Entwicklung eines Strategieplans für den Untersuchungsbereich, z. B. die betrachtete Materialgruppe, verwendet. Je nach Ausgangssituation (z. B. Ausprägung der Umweltfaktoren, Chancen, Risiken, Stärken, Schwächen) und der unternehmerischen Ziele ergeben sich sehr unterschiedliche sinnvolle Maßnahmenpakete. Um nur wenige Beispiel zu formulieren: Bietet sich die Internationalisierung an oder ist eine Regionalisierung der Beschaffung hilfreich? Wie viele Bezugsquellen (Single, Dual, Multiple) sind „richtig"? Sollte die Fertigungstiefe verändert werden (Make or Buy)? Welcher Grad der Lieferantenintegration ist zielführend? Welches Preisniveau ist mit Blick auf standortspezifische Kostenvor- oder -nachteile angemessen? Wie lassen sich potenzielle Preis-/Kostenrisiken vermeiden oder absichern? Während die vorherigen Schritte der Pestel-Analyse vielleicht den Eindruck vermittelt haben mögen, dass sie wenig mit der Verhandlungsvorbereitung zu tun haben, wird in diesem Schritt deutlich, wie wichtig die Methode und die vorbereitenden Schritte sind. Die verschiedenen Optionen zur strategischen Gestaltung der Beziehung zu Lieferanten sind Gegenstand dieses Arbeitsschrittes. Er liefert damit Vorgaben für viele der zu verhandelnden Parameter: Was ist die auszutauschende Leistung (Produkt plus Logistik plus Dienstleistung plus …)? Wie wird die Beziehung/die Zusammenarbeit mit dem Lieferanten gestaltet (partnerschaftlich oder opportunistisch)? Wie erfolgt auf der Prozessebene die Integration des Lieferanten (rudimentär, vertieft)? Im Rahmen der Verhandlungsvorbereitung lassen sich so mehr oder weniger wünschenswerte Varianten für die Gestaltung der Beziehung zum Lieferanten benennen. Anders formuliert erhalten wir eine Vorlage, um unsere Maximal- und Minimalziele zu definieren.

6. Kontrolle des Umfeldes und der Erfolge

Um sicherzustellen, dass der Beschaffungsprozess weiterhin auf das externe Umfeld abgestimmt ist, z. B. Veränderungen rechtzeitig wahrnimmt, ist auch nach einer Kaufentscheidung eine kontinuierliche Überwachung des Umfeldes notwendig. Die Pestel-Analyse sollte deshalb – zumindest bei den besonders relevanten Einflussfaktoren – als ein kontinuierlicher Prozess mit regelmäßigen Überprüfungen und Aktualisierungen implementiert werden.

2.1.3 Lieferantenprofile

Ein Gastbeitrag von Hanno Dettlof

Lieferantenprofile stellen die verfügbaren Informationen über Lieferanten systematisch zusammen und sind die Grundlage für Lieferantengespräche in einer frühen Anbahnungsphase oder aber in Routinegesprächen zur laufenden Lieferantenbeziehung.

Der Nutzen von Lieferantenprofilen ist abhängig von ihrer Aktualität, Vollständigkeit und Relevanz.

Die Relevanz der Profile ist wiederum davon geprägt, ob die Fakten auf die 3 typischen Zielsetzungen einzahlen. Eine Trennung dieser Zielsetzungen ist deutlich erkennbar zu machen, um eine sinnvolle Faktensuche und Interpretation zuzulassen. Wird die Trennung nicht erkenntlich, besteht die Gefahr, dass Informationen angehäuft, aber nicht zielgerecht ausgewertet werden. Es entstehen „Datenfriedhöfe", die zwar verwaltet werden, aber keiner Bestimmung zugeführt werden.

Die 3 Zielsetzungen von Lieferantenprofilen:

Anbahnung	(strategische Dimension/Potenzial)
Kollaboration	(operative Dimension/Performance)
Stammdaten-erfassung	(administrative Dimension/Grundsatz)

Für eine Verhandlungsvorbereitung sind die Fakten zur Anbahnung (Erstverhandlung) und der Kollaboration (Routineverhandlung) von Relevanz. Ein Profil stellt in diesem Sinne eine Entscheidungsgrundlage dar.

Grundsätzlich sind alle Daten über Lieferanten aus primärer oder sekundärer Beschaffungsmarktforschung zu erheben. Die aktive Erhebung durch den Einkauf erfolgt in persönlichen Befragungen oder durch die Nutzung von Fragebögen.

Als sekundäre Beschaffungsmarktforschung zu den Lieferanten darf die Nutzung von Datenbanken und Statistiken gelten.

Als standardisierte Methode der primären Datenerhebung, die durch den Einkauf genutzt wird, gilt die Befragung der Lieferanten über Selbstauskunftsbögen (LSA).

Im Rahmen der Zulassung von neuen Lieferanten steht die Nutzung der LSA immer am Anfang, um sich einen Überblick über den Lieferanten zu verschaffen. LSA werden aber auch genutzt, um Daten zu aktiven Lieferanten zu aktualisieren und Veränderungen zu dokumentieren.

Die Struktur von LSA unterscheidet sich in der Praxis deutlich, je nach Unternehmen und der oben genannten Zielsetzung von Profilen. Lieferantenprofile erfassen u. a. die Daten aus den LSA und sollen dem Einkauf jederzeit insbesondere für Verhandlungen und Lieferantengespräche zur Verfügung stehen.

Idealtypisch befassen sich LSA mit Fakten, die Auskunft geben über das Leistungspotenzial eines Lieferanten und über deren Fähigkeit, den Ansprüchen des Abnehmers gerecht zu werden. Abb. 2.5 gibt eine Übersicht der üblichen Dimensionen einer LSA.

Ein nochmaliger genauerer Blick auf die Motivation zur Erstellung von Lieferantenprofilen lässt die Verknüpfung mit anderen Elementen des Lieferantenmanagements und des strategischen Einkaufs erkennen.

Organisation	Produkt & Fertigung	Finanzen	Qualitäts-management	Logistik & Service	Kommu-nikation	Umwelt-schutz / Ethik
Mitarbeiter-entwicklung	Portfolio Übersicht	Umsatz-entwicklung	QS System	Lageroptionen	Datenaus-tauschsysteme	Tarifpolitik
Rechtsform	Lizenzen Anteil / patente p.a.	Marktanteils-entwicklung	QS Politik	JIT / Kanban Erfahrungen	Transparenz v. Referenzen	Recycling-bemühungen
Eigner-struktur	Referenzen / Branchenfokus	F&E Aktivität	Verfahren	And. Service-leistungen	Integrierte Planungen	Werkstoff-auswahl
Konzern-verbund	Kapazitäten pro Standort	Investitons-pläne	Prüfein-richtungen	Ersatzteil-managemt.	E-Procurement	F&E Ausrichtung
Organisations-struktur	Auslastung im 3-Schichtbetrieb	Bilanzkenn-zahlen	Zugang zu Auditierungen	VMI Erfahrungen		Rücknahme-optionen
Standorte	Moderni-sierungsgrad	Material-aufwand	Zertifikate	Referenzen für SCM		CSR Richtlinien
	Hauptkunden Anteile	Risiko-management				

Abb. 2.5 Typische Inhalte/Themenbereiche einer LSA. *F&E* Forschung und Entwicklung QS – Qualitätssicherung, JIT – Gerade rechtzeitig, VMI – Lieferantenmanagement Inventar, SCM – Lieferkettenmanagement; CSR – Soziale Verantwortung des Unternehmens

Motivation: Anbahnung

Ein wesentliches Kriterium einer erfolgreichen Beziehung ist die Einschätzung des Lieferanten hinsichtlich seines partnerschaftlichen Willens zur Zusammenarbeit und seiner künftigen Zuverlässigkeit. Wir können immer davon ausgehen, dass ein künftiges Liefer- und Problemlösungsverhalten einschätzbar ist, weil es einerseits aus kontinuierlichen Entwicklungen besteht, andererseits aus Erfahrungswerten abgeleitet werden kann.

Im Rahmen der Anbahnung von neuen Geschäftsbeziehungen ist das Angebot eines potenziellen Lieferanten genau zu prüfen. Hierbei ist in der frühen Phase in Erfahrung zu bringen, ob der Lieferant den Ansprüchen an eine zukünftige Zusammenarbeit genügt.

Für die Vorbereitung einer Verhandlung stehen daher besonders solche Informationen im Mittelpunkt, die noch keine ausreichende Sicherheit vermitteln.

Welche Fakten muss ein Lieferant noch (nach)liefern, um eine zukünftige Lieferbeziehung risikolos eingehen zu können?

Welche vorliegenden Informationen stellen aus Sicht des Käufers ein Risiko dar?

Das Lieferantenprofil erfasst mit dem Blick auf Anbahnungsrisiken in erster Linie folgende Aspekte:

- Kapazitäten und Auslastung
- Zertifikatsstatus (Qualität, Nachhaltigkeit, Ethik, CSR)
- Nachweise individueller Eignungsbefähigungen
- logistische Optionen
- Investitionsstatus und Anlagenlistung
- Total-Cost-Betrachtungen

Motivation: Kollaboration

Der Blick auf die Beurteilung der bisherigen Zusammenarbeit stellt ein wesentliches Verhandlungsargument dar.

Hierzu bedient man sich als Quelle einer Lieferanten-bewertungslogik, die sowohl Auskunft über Hard Facts gibt als auch Soft Facts beurteilt. Hard Facts liegen den Daten aus ERP (Enterprise Resource Planning) oder Qualitätssicherungssystemen zugrunde, Soft Facts werden i. d. R. durch Fragebögen erfasst.

Die Auswertungen der Daten können kontinuier-lich (mindestens jährlich) in Lieferantenprofilen gepflegt werden. Übergeordnete Daten sind z. B. die Qualitäts-indices oder Scores und wiederholte Audit-Resultate. Aber auch untergeordnete Daten wie die Auswertungen einzel-ner Kriterien können festgehalten werden und Gegenstand der Verhandlungsvorbereitung sein.

Entscheidend für die Güte und den Nutzen der Daten ist deren Belastbarkeit und Nachvollziehbarkeit.

Informationen zur Zusammenarbeit mit Lieferanten haben innerhalb eines Unternehmens unterschiedliche Ursprünge. Die Vernetzung von Lieferanten mit ver-schiedenen Unternehmensteilen macht es notwendig, Informationen von anderen Bereichen zu bekommen. Der damit möglicherweise verbundene subjektive Charakter der Information zu Lieferanten ist unvermeidbar. Es ist daher die Nutzung der Information in einer Verhandlung vorher genau zu prüfen. Geschieht dies nicht, kann die Glaubwürdigkeit in der Verhandlung verloren gehen und eine Verhandlungstaktik ins Leere laufen lassen.

Die Erfassung und objektive Auswertung von Soft Facts bekommen so eine besondere Bedeutung. In vielen Ver-handlungen entsteht gerade in diesem Zusammenhang eine Herausforderung in der Verhandlungsvorbereitung, immer dann, wenn mit bereichsübergreifenden Teams in der Verhandlung agiert werden soll. Unterschied-liche Bewertungen einer Situation durch die Beteiligten kann auch hier in der Verhandlung die eigene Position gefährden.

Motivation: Stammdaten

Lieferantenbezogene Daten fließen auch in die im ERP hinterlegten Stammdatensätze ein. Hierzu zählen sämtliche Daten, die für den Zahlungsprozess und den Kommunikationsprozess relevant sind. Des Weiteren werden im Zuge der digitalen Vernetzung von Unternehmen Daten wichtig, die Schnittstellen zwischen den Unternehmen erst ermöglichen (z. B. EDI (Electronic Data Interchange)).

Weniger für die Prozesse, sondern vielmehr für die generelle Beurteilung der finanziellen Stabilität und langfristige Wettbewerbsfähigkeit werden zudem Daten erhoben, die eine einfache Bilanzanalyse erlauben oder Auskunft über Investitionstätigkeiten und Umsatzentwicklungen geben.

Oft stellt der Einkauf bei der Beantwortung der Fragen eine gewisse Zurückhaltung fest. An dieser Stelle sei jedoch festgestellt, dass die meisten Zahlen über die üblichen Auskunftskanäle verfügbar sind, sofern die befragten Unternehmen auskunftspflichtig sind.

Als übliche Quellen für Unternehmensdaten dürfen gelten:

- offizielle Statistiken (Statistisches Bundesamt)
- Ratingagenturen (Dun & Bradstedt, Creditreform, Reuters etc.)
- Bundesanzeiger
- Geschäftsberichte der Unternehmen

Die Zusammenführung von Daten in einem Profil kann digital erfolgen oder weiterhin analog auf sogenannten Fact Sheets (Abb. 2.6).

Die digitale Erfassung von Lieferantenprofilen erfolgt als Teil des Einkaufcontrollings und ist in der Regel Bestandteil einer Supplier-Relation-Management-Software.

Stand: 02 / 23	Lieferant: ABC GmbH & Co KG			Key Account: Mr. ABC	Warengruppe: XXX	
Analyse Zeitraum:	2020	2021	2022	Branchenfokus:	Leistungsklasse	Hervorragend (90 -100)
Umsatz					Risikoklasse	5
Mitarbeiter				Hauptkunden:	Strategische Positionierung	Engpass
Investments					Marktanteil:	40 %
EBIT				Zertifikate:	Kooperations- bereitschaft	Ausbaubar
Eigenkapitalquote:					Abhängigkeit	Marktorientiert
Ausgaben F&E				Standorte:	Lieferportfolio:	Aktuelle Entwicklung:
Auslastung						Werksschließungen in D, Neugründung in Pakistan und Mexico
EK Vol. Total				Gelieferte Warengruppen:	Stärken / Chancen:	Schwächen / Risiken:
Anzahl Verträge						
Anzahl Materialien / Artikel etc.						
Anzahl Bestellungen				Anlagensituation:		
Qualitätskennzahl	76	88	97			
Auditergebnis						
......						

Abb. 2.6 Beispiel für ein Lieferantenprofil Fact Sheet analog. *F&E* Forschung und Entwicklung EBIT – Earnings Before Interest and Taxes, EK – Einkauf

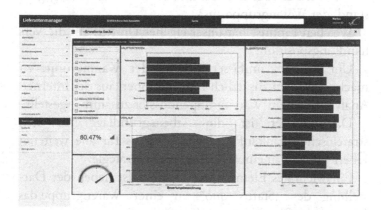

Abb. 2.7 Lieferantencockpit digital

Zur Steuerung der Einkaufsabteilung auf Basis von Kennzahlen werden Cockpits oder Dashboards erstellt. Diese visualisieren themenbezogen die vorhandenen Daten und stellen sie in Form von grafischen Elementen nebeneinander dar (Abb. 2.7).

Lieferantencockpits können so individuell im Rahmen der Verhandlungsvorbereitung aufbereitet werden und besonders relevante Daten zum Lieferanten herausstellen. Es besteht zudem die Option, Grafiken unmittelbar in den Verhandlungen zu nutzen und über geeignete Medien in die Verhandlung in Echtzeit einzubinden.

2.1.4 Warengruppendossier

Ein Gastbeitrag von Hanno Dettlof
Mit den gewonnenen Erkenntnissen aus der Porter- und Pestel-Analyse hat sich die externe Analyse verdichtet und man hat eine Reihe von Erkenntnissen, die in der Verhandlungsvorbereitung genutzt werden können, um die Argumente der Gegenseite ggf. zu entkräften.

Wie sieht es aber konkret mit dem Verhandlungsgegenstand, der Warengruppe aus?

Welchen Einfluss hat unser eigenes Umfeld auf die Verhandlungsposition?

Um sich ein umfassendes Bild der Warengruppe zu machen, werden zusätzlich Informationen aus der internen Analyse in einem Warengruppendossier zusammengestellt.

Das Dossier ist die Arbeitsgrundlage für den strategischen Einkauf und ebenso Basis für alle weiteren Überlegungen zu einer Warengruppenstrategie.

Ein wichtiges Element der Dossiers ist neben der Darstellung des „Status quo" zu einer Warengruppe das Element der Prognosen und Trends.

Trends und Prognosen innerhalb der Dossiers beziehen sich auf die interne und externe Entwicklung von:

- Volumen
- Kapazitäten
- Preisen

- Kosten
- Neuentwicklungen
- Standorten

Je besser es gelingt, durch die interne Beschaffung von Informationen diese Trends und Prognosen aufzuzeigen, desto eher kann man diese in die Verhandlungsvorbereitung einbauen und taktisch nutzen.

Der Einkauf ist bei der internen Recherche auf andere Unternehmensteile angewiesen und sollte aktiv Informationen einfordern. Es hat sich gezeigt, dass die organisatorische Variante des Warengruppenmanagements zu einer engeren bereichsübergreifenden Zusammenarbeit führt und wesentlich dazu beiträgt, verlässlichere, frühzeitigere und umfassendere Daten zu bekommen.

Das Warengruppendossier hat neben dem Speicher und der Darstellung von Fakten aber auch einen kommunikativen Nutzen. Angrenzenden Bereichen und Entscheidern im Unternehmen kann mithilfe des Warengruppendossiers erläutert werden, welche Bedeutung die Warengruppe hat und welche Risiken sich im Rahmen der Beschaffung und Verwendung ergeben.

Um zu einer effizienten Aufbereitung von Dossiers zu kommen, bedient sich der Einkauf häufig einer Software, die sich auf das Einkaufscontrolling oder Maßnahmen Controlling spezialisieren. Ein Anbieter ist die Orpheus GmbH. Diese stellt in diesem Zusammenhang in ihrem White Paper #1 (Orpheus, 2015) fest, dass sich Warengruppendossiers in 4 Kapitel teilen sollten:
Beschreibung der Merkmale einer Warengruppe,
Informationen zur Supply Base der Warengruppe,
Externe Marktentwicklungen und Prognosen,
Lieferanteneingaben zu externen Marktentwicklungen.
Insbesondere Pkt. 4 erscheint im ersten Moment ungewöhnlich. Bei näherer Betrachtung gibt dieser Punkt

aber Hinweise darauf, inwieweit der Einkauf in der Kommunikation mit den Lieferanten deren Einschätzung zu den Marktpreisen, Kapazitäten, Innovationen, Lösungen bereits proaktiv eingeholt hat. Das Dossier hält also auch fest, welche Faktoren unmittelbar durch den derzeitigen Lieferanten auf den Abnehmer wirken und wie der Lieferant agiert.

Die praktische Umsetzung eines Dossiers zeigt das Beispiel in Abb. 2.8.

Die standardisierte Aufbereitung der Daten führt auch hier, wie bei den Lieferantenprofilen, zu einer niederschwelligen Bearbeitung.

In der Praxis hat sich bewährt, dass Dossiers schon erste Hinweise auf Handlungsempfehlungen geben. Die Hinweise sind abzuleiten aus den Herausforderungen und der Bedeutung der Warengruppe, die sich im Wesentlichen aus den internen Fakten ergeben. In Kombination mit den Risiken, die sich wiederum im Wesentlichen aus den externen Fakten ergeben, ergibt sich ein Gestaltungsrahmen.

In Vorbereitung auf Warengruppenstrategien können so in einem Dossier schon typischerweise 3 strategische Stoßrichtungen genannt werden. Derartige Leitplanken für die zukünftige Ausrichtung können beispielsweise sein:

- Professionalisierung des Lieferantenmanagements
- Etablierung eines Risikomanagements
- Ausweitung des Wettbewerbes
- Fokussierung auf qualitätssichernde Maßnahmen
- Ausweitung der Supply Base
- Effizienzsteigerung   durch   Prozessinnovationen (Digitalisierung)
- etc.

Beispiel

Warengruppe	Tiefbauleistungen		Verantw. Einkäufer/in	xx		Stand	Februar 2020
Ausgaben p.a.	3,0 Mio	% von Totalen Ausgaben	10 %	Anzahl Best. p.a.	5	Zugel. Lieferanten	Letzte Ausschreibung
						Stand 1	Mai 1990
# Artikel	100	Preistrend (intern <3Jahre)	+5%	Vol-Trend (intern <3 Jahre)	-20 %	Preistrend (Markt)	Volumentrend (intern)
						Stark steigend	konstant
Anteil Standort x	50%	Anteil Standort x	50%	Anteil Standort x		Anteil Standort x	Anteil Standort x
						-	-
Kostentreiber 1	Material	Kostentreiber 2	Lohn	Kostentreiber 3	Komplexität	Kostentreiber 4	Kostentreiber 5
						Patent	-

Funktion / Ausgangslage in der Warengruppe	Herausforderungen / Risiken	Strategische Stossrichtungen
Textliche Ausformulierungen zur besonderen Bedeutung der Warengruppe in Sachen Kundenbezug, Beitrag der Warengruppe zum Wertschöpfungsprozess, Technologie Einfluss, Bedeutung von Innovation, Interesse und Einflussnahme von Fachbereichen, Stakeholdern oder Geschäftsleitung, Vergangener Initiativen und Chancen am Markt, die bis dato gar nicht oder wenig genutzt wurden.	Textliche Ausformulierungen zur internen und externen Situation bezogen auf Komplexität, Prozesskosten, int. Kundenunzufriedenheit, Preissensibilität, Kostentreibern, Marktverfügbarkeiten, anderen Risiken, Lieferantensituation etc. welche unserer Firma schaden können oder Wettbewerbern Vorteile verschaffen, bei Nichtbeachtung.	Textliche Ausformulierungen zu typischer Weise 3 strategischen Stossrichtungen, welche bei der Strategieformulierung der Warengruppe im Fokus stehen sollten. Dies können sein Qualitätsverbesserungen, Erhöhung der Versorgungssicherheit, Risikominimierung, Preisoptimierung, Kundenzufriedenheit, Prozesseffizienzsteigerung, Serviceverbesserungen ….

Leitung Warengruppenteam - Umsetzungsverantwortlich	Unterstützende Stakeholder	Risikofaktor	Portfolio	Lenkung – Budgetverantwortlich	Aufwand	Nr.
xxx	xxxxx,xxxxx,xxx	Hoch	Engpass	xxxx	Intern: / Extern:	1

Abb. 2.8 Beispiel für ein Warengruppendossier

Durch diese Ableitungen aus der Faktenbasis stehen für eine Verhandlungsvorbereitung wertvolle taktische und strategische Überlegungen bereit. Gelingt es in einer Verhandlung, die Ziele an den strategischen Stoßrichtungen auszurichten, werden die Forderungen logisch gestützt.

Andererseits können dem Gegenüber Chancen aufgezeigt werden und die Verhandlungsstrategie in einen ganzheitlichen Kontext eingebunden werden.

Der Eindruck, man wolle nur opportunistisch verhandeln und agieren, wird so vermieden.

Für weitere Analysen und Handlungsempfehlungen ist das Dossier also der Ausgangspunkt. Im Folgenden wird dies nun weiter verdeutlicht, indem wir näher auf die Bearbeitung von Portfolioanalysen eingehen.

Exkurs: Preis- und Kostenanalysen

In dem hier vorgestellten Beispiel für ein Warengruppendossier wird auch Bezug auf Preisentwicklungen, Kosten und Kostentreiber genommen. Diese Informationen haben eine sehr hohe Relevanz für die Verhandlungsvorbereitung, da Preise bzw. Kosten üblicherweise ein zentraler Verhandlungspunkt sind. Um nicht in eine „Basarsituation" zu geraten, in der Feilschen eine faktenbasierte Argumentation ersetzt, bietet sich eine gut fundierte Vorbereitung an. Je nach Bedeutung des Beschaffungsobjektes (z. B. A- oder C-Material) und auch in Abhängigkeit von anderen Zielen (z. B. Lieferzeit versus Preis) kann und muss dieser Thematik differenzierte Aufmerksamkeit gewidmet werden.

Methodisch erfolgt die Vorbereitung im Rahmen einer Preis- und Kostenanalyse (vgl. zu den folgenden Ausführungen Lorenzen & Krokowski, 2023). Ihr Ziel ist die Ermittlung eines Einstandspreises (= Zielpreis für die Verhandlung), der vom kaufenden Unternehmen als „fair", d. h. betriebswirtschaftlich begründet, akzeptiert wird. Dabei wird von der Annahme ausgegangen, dass das kaufende Unternehmen seinem Lieferanten zugesteht, dass er kostendeckend und auch einen Gewinn erzielend arbeitet.

Der Begriff „Zielpreis" ist dabei in einem weiten Sinn zu verstehen, da – im Sinne einer Total-Cost-Betrachtung – alle wesentlichen durch eine Entscheidung verursachten Kosten zu betrachten sind.

Als Beispiel seien hier an die Varianten „Kauf eines PKW" und „Full-Service-Leasing eines PKW" genannt, um deutlich zu machen, dass (hier beim Kauf) verschiedene Folgekosten ergänzend zu berücksichtigen sind, um einen Vergleich der Varianten auf eine sinnvolle Basis zu stellen. Die Liste mit Beispielen ließe sich weit fortsetzen, da auch sehr unterschiedliche Lieferkonditionen oder Logistikkonzepte Kosten verursachen, die neben dem Preis zu berücksichtigen sind.

Die Preis- und Kostenanalyse wird sehr unterschiedlich intensiv durchgeführt. Das Spektrum reicht von einem Verzicht auf diese Methode (tendenziell bei C-Materialien) bis zur Nutzung sehr ausgefeilter und methodisch anspruchsvoller Instrumente bei besonders bedeutungsvollen (mit hohen Kosten verbundenen) Beschaffungsgütern.

Zur Durchführung der Preis- und Kostenanalyse werden zwei Schritte gegangen:

Schaffung einer einheitlichen Bezugsbasis bezüglich der entscheidungsrelevanten Kosten Mit diesem Schritt wird sichergestellt, dass der Zielpreis, z. B. zur Vorbereitung von Verhandlungen mit mehreren potenziellen Lieferanten für das gleiche Beschaffungsobjekt, auf der gleichen Basis erfolgt: Werden alle Kosten berücksichtigt, bis die Ware im Wareneingang verfügbar ist?

Werden mögliche Kosten aufgrund von Störungen (neuer Lieferant, problematische Lieferkette) in die Entscheidung einbezogen? Ist es notwendig, weitere, z. B. mit der Nutzung oder bei der Entsorgung entstehende Kosten (Total-Cost-Ansatz) zu berücksichtigen?

Untersuchung der Angemessenheit des Preises und der Kosten Um die Angemessenheit zu prüfen, liegen sehr unterschiedliche Methoden vor, die sich erheblich durch die Art und Qualität der Ergebnisse, ihre Einsatzgebiete und den zu betreibenden Aufwand unterscheiden. Zu den „Klassikern" gehört der beliebte Angebotsvergleich.

Diese Methode ermöglicht keine „echte" Preis- und Kostenanalyse, da weder Preise noch Kosten weiter hinterfragt werden. Sie ist aber zur Einschätzung der Angemessenheit eine pragmatische und akzeptable Methode, wenn – und dies muss der Einkauf immer wieder sicherstellen – zwischen den Bietern Wettbewerb existiert.

Wenn die Verhandlungssituation mehr Aufwand für die Preis- und Kostenanalyse rechtfertigt, dann bieten sich die Kostenstrukturanalyse und die Gegenkalkulation als Instrumente an.

Ziel dieser Methoden ist es, Licht in die Kosten des Lieferanten bzw. des Beschaffungsobjektes zu bringen.

Wie hoch sind Kosten für welches eingesetzte Material, für das Personal, für eingesetzte Maschinen, für die Logistikprozesse und wie hoch ist der Gewinn?

Als Datenbasis können diverse teilweise kostenfrei zugängliche Quellen (z. B. Branchendaten, Geschäftsberichte, Kostenstrukturerhebung des Statistischen Bundesamtes …), Dienstleister und interne Daten des einkaufenden Unternehmens (z. B. aus der eigenen Fertigung …) genutzt werden.

Neben diesen hier nur kurz skizzierten Methoden existieren weitere, die nachfolgend kurz benannt und erläutert werden (von oben nach unten steigen in der Liste der zu betreibende Aufwand und die Aussagekraft; Lorenzen & Krokowski, 2023):

- Zeitlicher Vergleich früherer und aktueller Angebote/ Preise des gleichen Lieferanten.
  Betrachtet wird nur (!) die Angemessenheit der Veränderung im Zeitverlauf (gemessen an einem Vergleichsmaßstab).
- Angebotsvergleich – Annahme: Es existiert Wettbewerb zwischen den Bietern.
- Benchmarking – Vergleich der eigenen Preise mit denen, die „Andere" bezahlen. Dies können andere Standorte oder Tochtergesellschaften eines Unternehmens, aber auch miteinander kooperierende Unternehmen sein.
- Partieller Preisvergleich – Einsatzgebiet: Leistungen, die in einzelne, mit Preisen bewertbare Teilleistungen zerlegt werden können. „Rosinenpicken" (Cherrypicking), d. h., aus verschiedenen Angeboten für die Teilleistungen werden die besten (preisgünstigsten) herausgenommen und die Summe ihrer Preise wird zum Maßstab für die Gesamtleistung gemacht.
- Rückgriff auf öffentliche Notierungen – einsetzbar z. B. bei Rohstoffen und Beschaffungsobjekten, deren Kosten maßgeblich von Rohstoffpreisen beeinflusst werden.
- Offene Kalkulation (auch: Open-Book-Verfahren) – Der Kunde verpflichtet sich, die entstehenden Kosten (zuzüglich Gewinn) zu bezahlen, verlangt aber im Gegenzug Einblick in die Kalkulation des Lieferanten.
- Preis-/Kostenstrukturanalyse – differenzierte Analyse der Preis- und Kostenbestandteile der vom Lieferanten angebotenen Leistung.

- Gegen-/Eigenkalkulation – Das beschaffende Unternehmen ermittelt auf Basis seiner Kenntnisse einen idealtypischen Preis für eine Leistung.

2.1.5 SWOT-Analyse

Ein Beitrag von Hanno Dettlof

Eine SWOT-Analyse bietet eine bewährte Methode zur Bewertung der Stärken, Schwächen, Chancen und Bedrohungen eines Unternehmens, Produkts oder einer Dienstleistung. Sie kann dem Einkauf helfen, strategische Entscheidungen zu treffen, um die Einkaufsperformance zu verbessern.

Durch die Identifizierung von Stärken und Schwächen kann der Einkauf auch seine internen Prozesse optimieren und die Risiken minimieren. Diese 2 Dimensionen sind damit auf sich selbst gerichtet und verlangen eine sehr gute Reflexionsfähigkeit, um Stärken nicht zu übersteigern und Schwächen nicht kleinzureden.

Durch die Identifizierung von Chancen und Bedrohungen kann der Einkauf seine Marktchancen verbessern und seine Wettbewerbsposition stärken bzw. absichern. Zur Bearbeitung dieser eher nach außen gerichteten Dimensionen ist eine gute Marktkenntnis erforderlich, um keine bestimmenden Aspekte zu übersehen.

Eine SWOT-Analyse (Stärken, Schwächen, Chancen, Bedrohungen) kann im Einkauf verwendet werden, um ein besseres Verständnis der Situation vor einer Verhandlung mit Lieferanten zu erlangen.

Mit einer SWOT-Analyse kann ein Einkaufsteam also bewerten, welche Faktoren zu den besten Ergebnissen in einer Verhandlung führen. Im Folgenden werden 2

Anwendungsbeispiele bezogen auf den Verhandlungsgegenstand und auf die Verhandlungsparteien angeführt. Hier ein Beispiel bezogen auf den Verhandlungsgegenstand:

Ziel: Kauf einer neuen Computerized-Numerical-Control-Drehmaschine (CNC-Drehmaschine)

Stärken:
Hohe Präzision und Flexibilität in der Fertigung
Reduktion der Fertigungszeit und damit der Kosten
Möglichkeit der Automatisierung von Prozessen
Möglichkeit der Fertigung komplexer Bauteile
Gutes Verhältnis zum Lieferanten aufgrund früherer erfolgreicher Zusammenarbeit

Schwächen:
Hohe Investitionskosten
Eventuell notwendige Schulungen der Mitarbeiter für die Bedienung der Maschine
Eventuell Widerstände gegen neue Technologie bei Mitarbeitern abbauen
Abhängigkeit von der Maschine aufgrund fehlender Alternativen
Hohe Wartungs- und Reparaturkosten

Chancen:
Steigende Nachfrage nach präzisen und komplexen Bauteilen
Erhöhung der Produktivität und Wettbewerbsfähigkeit
Möglichkeit der Erschließung neuer Märkte durch Erweiterung des Fertigungsspektrums
Möglichkeit der Kooperation mit anderen Unternehmen durch gemeinsame Nutzung der Maschine

Risiken:
Konjunkturelle Schwankungen können zu Auftragsrückgängen führen
Technologischer Fortschritt kann zu Veraltung der Maschine führen
Preisdruck aufgrund von Konkurrenz auf dem Markt
Mögliche Qualitätsprobleme bei der Fertigung mit der Maschine

---

Eine zweite Anwendung bezieht sich auf die Verhandlungsparteien. Oft wird diese Anwendung als die „minimalste Verhandlungsvorbereitung" bezeichnet, weil sie versucht, viele Aspekte in nur 2 SWOT-Analysen zu vereinigen.

Es werden dazu demnach eine SWOT-Analyse für den Lieferanten und eine für den Einkauf, also für die eigene Position, entworfen.

„Eine Strategie bezeichnet immer die Fragestellungen, wie man eine zukünftige Situation vorhersieht, auf sie vorbereitet ist und wie man sich am besten mit den gegebenen Mitteln positioniert, um am Ende erfolgreich die Situation zu meistern."

Dies gilt einmal mehr auch für eine Verhandlungsstrategie. Die anstehende Verhandlung ist also das zukünftige Ereignis, das es gilt, richtig einzuschätzen. Die Einschätzung des Ereignisses ist in diesem Falle konkret die mögliche Argumentationskette (Faktenlage) des Gegenübers und wie er diese in der Verhandlung einsetzt.

Die Position des Einkaufenden legt die eigenen Argumente dar und positioniert sie bestmöglich in Erwartung der Argumente des Gegenübers.

Im folgenden Beispiel wird die Anwendung verdeutlicht:

SWOT-Analyse für den Lieferanten aus Sicht des Einkaufs

Stärken:
Welche Argumente wird der Verkäufer voraussichtlich als seine stärksten einbringen?
Womit kommt er als Erstes heraus?
Mit welchen Argumenten fühlt er sich am sichersten?
Was unterscheidet ihn für alle offensichtlich von anderen Anbietern?
Schwächen:
Wo fühlt er sich selbst angreifbar?

Welche Argumentationskette wird er versuchen zu meiden?

Was ist ein für alle offensichtlicher Nachteil gegenüber anderen Anbietern?

Chancen:

Was behält er sich bis zuletzt vor?

Womit wird er versuchen zusätzlich zu punkten, wenn es nötig wird?

Was könnte eine Neuigkeit sein, die im Markt noch gar nicht bekannt ist?

Welche „Geschenke" behält er sich vor?

Risiken:

Was ist sein gravierender Nachteil gegenüber anderen Anbietern?

Womit will er auf gar keinen Fall konfrontiert werden?

Welcher Fehler ist ihm noch immer unangenehm und möchte er nicht?

Im folgenden Beispiel wird nun die Anwendung für den Einkauf verdeutlicht:

SWOT-Analyse für den Einkauf aus Sicht des Einkaufs zur eigenen Vorbereitung

Stärken:

Welche Argumente sind unsere stärksten, mit denen wir den Gegenüber herausfordern wollen?

Womit kommen wir als Erstes heraus?

Mit welchen Argumenten attackieren wir die Schwächen des anderen?

Können wir die Risiken des anderen für uns nutzen?

Schwächen:

Wo fühlen wir uns angreifbar?

Was können wir nur mit großem Aufwand kompensieren?

Was haben wir nicht, was andere Kunden des Lieferanten bieten können?

Chancen:

Was können wir anbieten, um die Attraktivität für den Anderen zu erhöhen?

Womit können wir zusätzlich punkten, gegenüber anderen Kunden?

> Welche „Geschenke" können wir machen, ohne finanzielle Nachteile zu erleiden?
> **Risiken:**
> Was ist sein gravierender Nachteil gegenüber anderen Kunden?
> Womit wollen wir auf keinen Fall konfrontiert werden?
> Welcher Fehler ist uns noch immer unangenehm und möchten wir nicht nochmals thematisieren?
> Welches Ziel müssen wir unbedingt erfüllen ohne jede Kompromisslinie?

Abb. 2.9 und 2.10 zeigen befüllte Vorlagen zur Verhandlungsvorbereitung.

Zusätzlich ist es möglich, die Seiten für die Gesprächsführung zu nutzen. Hierzu werden den Argumenten Verhandlungsteilnehmer zugeordnet und ggf. die Reihenfolge in der Argumentationskette festgelegt.

Ein weiterer Nutzen besteht in einer Protokollfunktion. Hier wird einfach ein Argument als erledigt gekennzeichnet, das vorgebracht wurde, und neue Argumente ergänzt, die während der Verhandlung auftauchen.

SWOT Analyse – Kundenposition

Strengths	Opportunities
• Wachstum • Marktführer • Volumen beim Lieferanten schon mal reduziert • Ausschreibungen laufen • Gute Marktkenntnisse • Gute Planbarkeit des Bedarfes	• Signalisieren von interner Unterstützung für Veränderungen • Kostenansatz statt Preisansatz • Nutzug von globalen Standorten des Lieferanten
Weaknesses	**Threats**
• Kein Wettbewerber deckt alles ab • Volumen schlechter als konkurrierende Branche • Keine globale Vernetzung mit dem Lieferanten • Verweigerung von stärkerer Integration	• Lieferant braucht uns nicht

Abb. 2.9   Verhandlungssheet Kundenposition auf SWOT-Basis

SWOT Analyse – Lieferanten Position

Strengths	Opportunities
• Volle Auslastung • Technologieführerschaft • Lange Beziehung • Hohe Wechselkosten • Dominiert die Spezifikation • Globale Verfügbarkeit • Gute Kenntnisse des Kundenwunsches • Vertikale Integration	• Nutzung und Promotion von neuen Technologien • Nachfrage von neuen Kunden
Weaknesses	Threats
• Unterschätzung von globalen Beschaffungsmärkten • Hohe Lohnkosten • Unfähigkeit global zu agieren	• Verlust eines Referenzkunden • Negative Presse

Abb. 2.10 Verhandlungssheet Lieferantenposition auf SWOT-Basis

Zudem sollte jedem Blatt die Schmerzgrenze und das Verhandlungsziel deutlich zugefügt werden, sodass die Verhandlungteilnehmer immer einen Blick darauf werfen können.

2.1.6 Kraftfeldanalyse

Ein Beitrag von Hanno Dettlof und dem Autor
Eine Kraftfeldanalyse ist eine Methode, die dazu dient, die Kräfte zu identifizieren, die für oder gegen eine bestimmte Veränderung in einer Organisation wirken.

Im Einkauf kann dies beispielsweise dazu genutzt werden, eine Entscheidung für den Einkauf eines bestimmten Produkts oder die Auswahl eines bestimmten Lieferanten zu treffen.

Durch die Anwendung dieser Methode können Einkäufer die Vor- und Nachteile der verschiedenen Optionen sammeln und sie systematisch bewerten. Die Analyse kann dazu beitragen, Hindernisse zu identifizieren, die den Einkaufsprozess beeinträchtigen könnten, sowie Möglichkeiten zur Verbesserung der Einkaufsentscheidungen aufzuzeigen. Auf diese Weise kann die Kraftfeldanalyse dazu beitragen, die Qualität und Effektivität der Einkaufsentscheidungen zu verbessern und damit langfristig Kosten zu sparen.

Eine Kraftfeldanalyse für den Kauf einer Werkzeugmaschine (Verhandlungsgegenstand) könnte folgendermaßen aussehen:

Ziel: Kauf einer neuen CNC-Drehmaschine

Faktoren, die für den Kauf sprechen:
Die alte CNC-Drehmaschine ist zu alt und mittlerweile sehr störanfällig.

Eine neue Maschine könnte die Produktivität und Effizienz steigern und die Qualität der Produkte sowie die Kundenzufriedenheit erhöhen.

Zudem sind Kosteneinsparungen durch die Reduzierung von möglichen Nacharbeiten möglich.

Wir erhalten eine bessere Kontrolle über den Produktionsprozess.

Faktoren, die gegen den Kauf sprechen:
Der Preis für eine neue Verpackungsmaschine ist hoch.

Die Anschaffung einer neuen Verpackungsmaschine erfordert Schulungen für die Mitarbeiter und eine Anpassung der Prozesse.

Die Wartungskosten für eine neue CNC-Drehmaschine sind möglicherweise höher als bei der alten Maschine.

Eventuell gibt es einen Widerstand der Mitarbeiter bei der Einführung der neuen Technologie.

Einzuleitende Maßnahmen zur Stärkung der Faktoren, die für den Kauf sprechen:
Vergleich von verschiedenen Angeboten und Verhandlung des besten Preises

Abbau der Widerstände gegen neue Technologien und Schulungen bei den Mitarbeitern, Schulungsmaßnahmen und Anpassung der Prozesse vorbereiten, um den Einsatz der neuen Maschine zu erleichtern

Informieren der Mitarbeiter über die Vorteile der neuen Maschine und wie sie zur Produktivität und Kundenzufriedenheit beitragen kann

Einzuleitende Maßnahmen zur Reduktion der Faktoren, die gegen den Kauf sprechen:

Vergleich der Wartungskosten der alten und neuen Maschine und Aufzeigen von Einsparungspotenzialen

Überlegung von Finanzierungsoptionen wie Leasing oder Ratenzahlung, um die finanzielle Belastung zu reduzieren

Sicherstellen, dass die neue Maschine die Anforderungen erfüllt und die Investition langfristig sinnvoll ist

---

Die Analyse zeigt, dass es eine Vielzahl von Faktoren gibt, die den Kauf einer CNC-Drehmaschine unterstützen.

Die größten Herausforderungen, die den Kauf behindern, sind die hohen Anschaffungskosten, der Schulungsaufwand für das Bedienpersonal sowie die Änderung des Produktionsprozesses.

Um den Kauf erfolgreich zu realisieren, müssen diese Herausforderungen überwunden werden. Dazu könnten beispielsweise Schulungen des Personals sowie Finanzierungs- und Investitionspläne beitragen.

Die Kraftfeldanalyse hat ihre wesentlichen Anwendungsbereiche im Changemanagement. Insbesondere bei Prozessänderungen findet die Methode im Projektmanagement Anwendung, um sich vorab über das Spannungsfeld bewusst zu werden.

Typischerweise sind die Faktoren, die für eine Veränderung (hier: den Kauf) sprechen, sachlich und faktisch bereits gestützt. Andererseits sind die Faktoren gegen eine Veränderung (hier: Nichtkauf) typischerweise nicht gut gestützt und daher oft auch emotionaler Natur.

Im Verhandlungsfall kann auch diese Situation eintreten, wenn mit dem Kauf Wechselkosten und

Umsetzungsaufwände in anderen Bereichen entstehen (Widerstand).

In dem Beispiel ist dies durch die Worte „möglicherweise" und „eventuell" angedeutet. In jedem Fall sind diese Faktoren ernst zu nehmen und im Sinne der Kraftfeldanalyse argumentativ zu entkräften. Dies gilt insbesondere dann, wenn die Argumente von einflussreichen Funktionsträgern im Unternehmen (z. B. Produktionsleitung) vorgebracht werden. Gelingt dies nicht, werden diese Funktionsträger leicht zu Bremsern.

2.1.7 Kompromissmatrix

Ein Beitrag von Hanno Dettlof und dem Autor
Eine Kompromissmatrix ist ein Visualisierungstool, das es dem Einkauf ermöglicht, mögliche Optionen und Kompromisse zu identifizieren und zu bewerten. Diese Matrix kann dem Einkauf dabei helfen, eine fundierte Entscheidung zu treffen.

Durch die Bewertung der Angebote anhand vorher definierter Kriterien und deren Gewichtungen können Stärken und Schwächen der Angebote aufgezeigt werden.

Die Kompromissmatrix bietet somit eine objektive Grundlage für die Entscheidungsfindung und erleichtert die Auswahl des besten Angebots.

Darüber hinaus kann die Kompromissmatrix auch bei der Verhandlung mit dem Lieferanten genutzt werden, um spezifische Punkte in den Angeboten zu diskutieren und gezielte Verbesserungen zu erzielen.

Die Kompromissmatrix entspringt einem einfachen Angebotsvergleich. Dieser basiert i. d. R. auf einer Nutzwertanalyse, bei der Anforderungen/Kriterien nach ihrer Ausprägung bewertet werden.

Eine Skalierung erfolgt in der Regel mit einer geraden Anzahl von Ausprägungen, damit keine mittlere Benotung möglich ist. Dies vermeidet bei einer oft unzureichenden Beschreibung der Kriterien eine subjektive Beurteilung ohne Tendenz. Die Kriterien sollten zusätzlich nach ihrer Bedeutung auf die totalen Kosten (inkl. Fehlerkosten, Logistikkosten, Kommunikationskosten etc.) gewichtet werden.

Beispiel einer stark vereinfachten Kompromissmatrix für eine CNC-Drehmaschine:

Eine Kompromissmatrix kann beispielsweise helfen, bei der Auswahl einer CNC-Drehmaschine eine Entscheidung zu treffen, die sowohl den Anforderungen des Einkaufs als auch den technischen Anforderungen gerecht wird.

Hier ist ein Beispiel:

> **Ziel: Kauf einer neuen CNC-Drehmaschine (Tab. 2.1)**

In diesem Beispiel werden die Maschinen A, B und C anhand von fünf verschiedenen Anforderungen bewertet, die für den Einkauf wichtig sind.

Jede Maschine wird dann auf einer Skala von 1 bis 4 bewertet, wobei eine höhere Punktzahl eine bessere Bewertung bedeutet. Am Ende wird eine Gesamtpunktzahl für jede Maschine berechnet, um zu sehen, welche

Tab. 2.1 Angebotsbewertung

Anforderungen	Maschine A	Maschine B	Maschine C
Preis	4	2	1
Leistung	2	3	4
Zuverlässigkeit	2	2	3
Bedienbarkeit	3	3	1
Lieferzeit	4	2	3
Gesamtpunktzahl	15	12	12

Maschine den Anforderungen des Einkaufs am besten entspricht.

In diesem Beispiel erhält Maschine A die höchste Gesamtpunktzahl von 15 Punkten, gefolgt von Maschine B und C, die beide 12 Punkte haben.

Basierend auf dieser Analyse könnte der Einkauf entscheiden, Maschine A zu kaufen, da sie insgesamt die besten Bewertungen für die Anforderungen erhalten hat.

Besonders schwierig gestaltet sich die Darstellung von Angebotsvergleichen bei der Verhandlung von Dienstleistungen. Im Folgenden deshalb ein Beispiel für eine Umsetzung bei einer Warengruppe, die sich oft den Verhandlungen vollends entzieht: Architektenleistungen.

> **Angebotsvergleich Architekturleistungen erweitert auf Basis einer Vorlage des Branchenverbandes (Abb. 2.11)**

2.2 Portfolio-Analysen als Grundlage für differenziertes Beziehungsmanagement

Ausgehend von den gesammelten Fakten und deren systematischer Aufbereitung sollen für die Verhandlung idealerweise Handlungsempfehlungen abgeleitet werden. Diese ermöglichen es, Strategien zu verfolgen.

Um Handlungsempfehlungen abzuleiten, werden im strategischen Management üblicherweise Portfolios genutzt.

Dieses Kapitel befasst sich mit 4 verbreiteten Portfolios aus dem Beschaffungsumfeld, die dazu geeignet sind, auf Basis der Faktenlage normstrategische Überlegungen auszuweisen.

Architekturleistungen / Angebotsvergleich

Kriterium	Gewicht	Anbieter 1		Anbieter 2		Anbieter 3		Anbieter 4		Anbieter 5	
1. Projektumsetzung	45,00%										
1.1 Projektorganisation	5,00%	5	0,25	4	0,20	5	0,25	1	0,05	1	0,05
1.2 Projektteam	**10,00%**	2	0,20	3	0,30	5	0,50	2	0,20	2	0,20
1.3 Präsenz vor Ort während der Leistungserbringung	**15,00%**	2	0,30	3	0,45	1	0,15	2	0,30	5	0,75
1.4 Kosten-, Qualitäts-, Termin- und Nachtragsmanagement	**15,00%**	2	0,30	1	0,15	3	0,45	2	0,30	5	0,75
2 Honorarparameter	10,00%										
2.1 Gesamthonorarangebot inkl. Nebenkosten	5,00%	2	0,10	5	0,25	3	0,15	5	0,25	3	0,15
2.2 Stundensätze	5,00%	2	0,10	5	0,25	3	0,15	5	0,25	2	0,10
3. Lösung der konkreten Aufgabenstellung	45,00%										
3.1 Beurteilung der Lösungsvorschläge	**40,00%**	1	0,40	5	2,00	3	1,20	1	0,40	1	0,40
3.2 Bereitschaft zur entwickeln Weiterentwicklung der Lösungsvorschläge nach etwaigen Empfehlungen des Bewertungsgremiums	5,00%	5	0,25	5	0,25	3	0,15	1	0,05	5	0,25
	100,00%	21	1,90	31	3,85	26	3,00	19	1,80	24	2,65

Abb. 2.11   Angebotsvergleich

Dabei erscheint es auch hier wichtig, dass unterschiedliche Blickwinkel genutzt werden, um ein differenziertes Bild zu entwickeln.

Es lohnt sich, diese 4 Blickwinkel näher zu betrachten:

- gegenseitige Abhängigkeit von Abnehmer und Zulieferer,
- Attraktivität der Beziehung aus Lieferantensicht,
- Normstrategien nach Warengruppen,
- Lieferantensegmentierung nach Leistungsindikatoren.

Jede Portfolioanalyse wirft ein anderes Schlaglicht auf bestehende oder neue Lieferbeziehungen und gibt somit wichtige Hinweise im Rahmen der Verhandlungsvorbereitung.

Es sei an dieser Stelle nochmals betont, dass die Aussagekraft der Portfolioanalysen jeweils nur so gut ist wie die Qualität der vorausgegangenen Recherche und Faktensammlung.

2.2.1 Grundlagen zu Portfolios

Ein Gastbeitrag von Hanno Dettlof
Portfolios haben sich zu einer der beliebtesten Anwendungen in der strategischen Unternehmensplanung entwickelt.

Grund für deren Beliebtheit ist oft ihre einfache und schnelle Darstellungsform. Nicht nur Berater wählen Portfolios aus, um „komplexe Zusammenhänge anschaulich zu aggregieren und normative Behauptungen zur Ableitung konkreter Strategien zu nutzen" (Kerth, 2009).

Zu den bekanntesten Anwendungen gehören die „Eisenhower-Matrix" zur Optimierung des persönlichen Zeitmanagements oder die Boston-Consulting-Group-Matrix („BCG-Matrix") zur Bewertung und Ausrichtung von Geschäftseinheiten.

Für die Anwendung im Einkauf ist insbesondere die Eigenschaft von Portfolios als Kommunikationsinstrument herauszuheben. Einmal erstellt dienen sie so als perfekte Grundlage, eine Ist-Situation und eine angestrebte zukünftige Situation zu erläutern.

Die starke Vereinfachung durch ein Portfolio ist einer der Kritikpunkte beim Umgang mit Portfolios. Dem sollte entgegengewirkt werden, indem Portfolios regelmäßig in den verantwortlichen Teams überarbeitet werden. Zudem sollte bei der Beschreibung der Portfolio-Achsen Objektivität der Leitgedanke sein.

In jüngster Zeit werden Portfolios auch in Einkaufs-Suiten der Softwareanbieter aufgenommen. Deren zugegeben effiziente Erstellung im Rahmen der Software-Module „Einkaufsstrategie" betont nochmals die Vereinfachung auf meist nur 3–5 Fragen/Portfolio-Achse.

Abweichend empfehlen wir an dieser Stelle, die im Folgenden nun näher vorgestellten Portfolios in fachlichen Teams erstellen zulassen. Nur so wird u. E. ein Wissenstransfer im Team und ein breiter Konsens hergestellt.

Alle 4 folgenden Portfolios können in eine Verhandlung eingebunden werden. Sie beleuchten sowohl die Einkäufer als auch die Verkäuferseite. Sie lenken den Blick auf die Beziehungsebene, auf die qualitative und monetäre Ebene und nicht zuletzt auf die strategische Bedeutung.

In der Vorbereitung der Verhandlung helfen die Portfolios, die Fakten in einen Wirkungszusammenhang zu setzen und Schlussfolgerungen abzuleiten.

2.2.2 Marktmacht-Portfolio

Ein Gastbeitrag von Klaus Dieter Lorenzen
Eine der vielen Portfolio-Varianten, die im Einkauf eingesetzt werden, ist das sogenannte Marktmacht-Portfolio.
Wie der Name schon vermuten lässt, wird bezogen auf
eine potenzielle oder existierende Geschäftsbeziehung die
Frage betrachtet, wie groß die Marktmacht der Beteiligten,
also des Einkaufs und des Lieferanten, ist. Sie greift somit
Gedanken auf, die schon bei der Porter'schen Analyse im
Zusammenhang mit der Frage, ob es sich um einen Ver-
käufer- oder Käufermarkt handelt, betrachtet wurden und
die deshalb darauf aufsetzt.

Ziel der Nutzung dieses Portfolios ist es, aus der
Positionierung der Beschaffungsobjekte (z. B. Materialien
oder Materialgruppen) in dem Portfolio mit den
Dimensionen „Marktmacht des Einkaufs" und „Marktmacht des Lieferanten" Handlungsempfehlungen und
damit Ziele für die Gestaltung der Geschäftsbeziehung
abzuleiten. So lässt sich je nach Positionierung der
Beschaffungsobjekte mit dieser Methode beispielsweise schlussfolgern, ob im Rahmen einer Verhandlung
Kostensenkungsziele im Vordergrund stehen und ein ent-
sprechendes Verhandlungssetting („Druck aufbauen")
gewählt wird oder ob eine langfristige Partnerschaft auf
Augenhöhe angestrebt wird. Im letzteren Fall wird die
Gestaltung der Verhandlungssituation deutlich anders
sein, da z. B. die positive Beeinflussung der Beziehungsebene eine höhere Priorität hat.

Die Vorgehensweise zur Erstellung eines Marktmacht-
Portfolios lässt sich relativ einfach skizzieren:

1. Auswahl von zu analysierenden Materialien oder
   Materialgruppen.

2. Indikatoren zur Messung der Marktmacht von Lieferanten und Einkauf ermitteln.
3. Für die betrachteten Materialien/-gruppen wird die Marktmacht der Beteiligten bewertet.
4. Einordnung der Materialien/-gruppen in das Portfolio.
5. Ableiten von Handlungsempfehlungen.

Methodisch herausfordernd sind aber insbesondere der zweite und der dritte Schritt. Was bedeutet „Marktmacht" und woran lässt sich die Marktmacht des Einkaufs und des Lieferanten messen? „Macht" wird hier verstanden als die Fähigkeit, eigene Interessen auch gegen Widerstand durchzusetzen. Der Begriff „Marktmacht" ist dabei so zu verstehen, dass es um Macht im Kontext der Gestaltung marktlicher Beziehungen geht. Dabei ist ein weiteres Begriffsverständnis hilfreich, da sich Macht nicht nur auf institutioneller Ebene (lieferndes Unternehmen versus einkaufendes Unternehmen), sondern auch auf persönlicher Ebene (z. B. Mensch „Verkauf" versus Mensch „Einkauf") konstituieren kann.

Um Marktmacht auf der institutionellen Ebene zu operationalisieren bzw. messbar zu machen, bietet sich die Betrachtung verschiedener Indikatoren an, die etwas über das Machtverhältnis der Beteiligten aussagen könnten. Mithilfe der folgenden Fragen (vgl. hierzu auch die bei der Porter'schen Analyse vorgestellten Indikatoren zu Verhandlungsmacht der Lieferanten bzw. der Käufer) lassen sich entsprechende Ansatzpunkte identifizieren:

- Wie hoch ist der Anteil des mit diesem Lieferanten abgewickelten Einkaufsvolumens am Gesamtumsatz des Lieferanten (der Tochtergesellschaft, der Vertriebsorganisation, des Außendienstes)?
- Wie hoch ist der Anteil des mit diesem Lieferanten abgewickelten Einkaufsvolumens am gesamten Ein-

kaufsvolumen (des Materials, der Materialgruppe, der Tochtergesellschaft, des Konzerns)?

- Wie hoch ist die absolute Höhe des mit diesem Lieferanten abgewickelten Einkaufsvolumens?
- Wie ist die Bedeutung der beim Lieferanten bezogenen Teile zu bewerten? Sind sie z. B. strategisch wichtig oder begründen sie einen Wettbewerbsvorteil beim eigenen Kunden?
- Wie viele alternative, verfügbare und frei gegebene Bezugsquellen existieren? Ist der Lieferant ein (Quasi-) Monopolist? Wird der Lieferant vom eigenen Kunden vorgegeben? Muss der Lieferant z. B. wegen einer Konzernvorgabe gewählt werden?
- Ist der Lieferant z. B. Technologie-, Qualitäts-, Marktführer?
- Ist das einkaufende Unternehmen z. B. Technologie-, Qualitäts- oder Marktführer und damit als Referenz besonders wertvoll?
- Welche Flexibilität weist die vertragliche Bindung auf (Kündigungsfristen) und wie schnell bzw. mit wie viel Aufwand können neue Lieferanten freigegeben werden?

Bereits Antworten auf einzelne Fragen können eine eindeutige Aussage zur Macht des Einkaufs oder der Lieferanten zulassen. Zum Beispiel:

- Der Einkauf hat hohe Macht, da er bei dem Lieferanten „XY" für 80 % des Umsatzes verantwortlich ist.
- Der Lieferant „XY" hat aufgrund eines technologischen Alleinstellungsmerkmales hohe Macht.

Dieses Beispiel zeigt, dass Macht nicht nur einseitig zwischen Geschäftspartnern verteilt sein kann, sondern dass beide gleichzeitig über Macht verfügen (oder – dazu

wäre ein anderes Beispiel nötig – über keine Macht verfügen).

Zur Verhandlungsvorbereitung wäre es sinnvoll, die
Machtverhältnisse und den Umgang mit Macht (sie
zu haben bedeutet nicht, sie zu nutzen) bezogen auf die
Verhandlungssituation zu bewerten. Dazu lässt sich teilweise auf Daten (z. B. Anzahl freigegebener Lieferanten
pro Materialnummer, Einkaufsvolumen, Umsatz ...)
zurückgreifen und teilweise werden die fachlichen Einschätzungen des z. B. strategischen Einkaufs nötig sein.
Um die Methode nicht zu kompliziert zu machen, reicht
es tendenziell, wenn eine Einstufung der Macht des Einkaufs und des Lieferanten in die Kategorien „niedrig" und
„hoch" erfolgt. Bei Bedarf und besserer Informations-
grundlage könnte durch mehr Kategorien weiter
differenziert werden. Auf dieser Basis erfolgt dann eine
Einordnung des Verhandlungsgegenstandes (alternativ
beispielsweise der Materialgruppe/-n) in das in Abb. 2.12
dargestellte Portfolio.

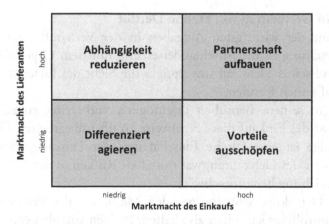

Abb. 2.12 Marktmacht-Portfolio mit pauschalen Handlungsempfehlungen

Die Positionierung der betrachteten potenziellen oder existierenden Geschäftsbeziehung in einem der vier Felder lässt die Formulierung erster, pauschaler Handlungsempfehlungen zu, die in der Abbildung stichwortartig angedeutet werden. Wie plausibel und sinnvoll die Handlungsempfehlungen sind, muss z. B. unter Berücksichtigung der konkreten Situation, zukünftiger Entwicklungen und der grundlegenden unternehmerischen Ausrichtung geprüft werden. Ein Unternehmen, das auf oberster Ebene und vielleicht auch in seiner Einkaufspolitik „partnerschaftliches Verhalten" verspricht, sollte prüfen, wie glaubwürdig dies ist, wenn im Rahmen des Lieferantenmanagements und in Verhandlungssituationen Macht genutzt wird, um Vorteile auszuschöpfen. Umgekehrt dürfte ein grundsätzlich opportunistisch agierendes Unternehmen Schwierigkeiten haben, glaubhaft zu behaupten, Partnerschaften aufbauen zu wollen.

2.2.3 Kundenportfolio

Ein Gastbeitrag von Hanno Dettlof
Eine der wichtigsten Aufgaben in der Verhandlungsvorbereitung ist die Auseinandersetzung mit dem Gegenüber und seiner Sicht auf uns, sprich: die Sicht des Lieferanten auf seinen Kunden.

In seinem Bemühen bestmöglich vorbereitet zu sein, lässt der Einkauf diese Sichtweise zu oft unbearbeitet. Die Folge ist eine falsche Einschätzung der Leistungsbereitschaft des Lieferanten, was mittelbar Risiken in der Lieferbeziehung heraufbeschwört.

Der aktive Umgang mit den Methoden des Vertriebscontrollings kann hier also helfen, Risiken vorzubeugen.

Der Lieferant führt in der Regel ein Kundencontrolling durch, indem er Kunden in Portfolios eingruppiert und

danach seine Ressourcen entsprechend den Handlungsempfehlungen aus dem Portfolio allokiert. Bei der Analyse betrachtet der Lieferant seine Kunden nach deren
Bedeutung bzw. der Position beim Kunden und andererseits nach der Attraktivität der Beziehung.

Die Attraktivität eines Kunden lässt sich an folgenden
Kriterien ablesen:

- Umsatzpotenzial und Umsatzentwicklung
- Profitabilität des Geschäftes/der Preissensibilität
- Betreuungsaufwand
- Referenzeignung
- Zugang zu Hintergrundinformationen

Einkäufer sollten diese Kriterien kennen, da sie
Anknüpfungspunkte in einer Verhandlung sein können,
um einen Lieferanten Zugeständnisse zu entlocken.

Die Bedeutung eines Kunden kann sich von der
Attraktivität einer Geschäftsbeziehung unterscheiden und
ist geprägt von folgenden Kriterien:

- Lieferanteil und absolutes Volumen
- räumliche Nähe
- gewährte Zuschüsse
- kundenindividuelle Projekte
- Reklamationsbearbeitung
- Ergebnis Lieferantenbewertung

Kriterien können gewichtet werden und anschließend
kann eine Zuordnung der Kunden in 4 Kategorien vor-
genommen werden.

Zuordnung: Entwicklungsgeschäft
Der Entwicklungskunde wird von dem Lieferanten
intensiv betreut. In der Erwartung eines z. B.

attraktiven Wachstumspotenzials bei gleichzeitig noch geringen Volumen ist die Bereitschaft des Lieferanten, in die Beziehung zu investieren, hoch. Der Verkäufer wird bereit, seine Rabatte zu gewähren, Kulanzregelungen anzubieten, bis hin zu kostenlosen Testvolumen. Einen Wechsel zu anderen Lieferanten wird der Verkäufer versuchen zu blockieren bzw. unattraktiv aussehen zu lassen.

Zuordnung: Kerngeschäft

Der „Star" unter den Kunden zeichnet sich durch einen hohen Lieferanteil aus. In der Regel wird der Lieferant hier ein hohes Interesse entwickeln, die Beziehung zu pflegen und attraktiv für den Kunden zu gestalten. Der Einkauf sollte in der Verhandlungsvorbereitung hier seinen Forderungskatalog formulieren und typischerweise neben den üblichen Boni Zusatzleistungen einfordern. Diese sind z. B. Entwicklungsdienstleistungen, Veranstaltungsunterstützung, Beratungsleistungen etc.

Zuordnung: Ertragsgeschäft

Ertragskunden zeichnen sich zwar durch einen hohen Lieferanteil aus, aber die Attraktivität ist rückläufig. Für den Einkauf stellt dies ein latentes Risiko dar. Man spricht hier auch von einem „ausbeutbaren" Geschäft. Für den Einkauf besteht das Risiko in einer möglichen Abkündigung der Warengruppe. Das Geschäft wird durch den Lieferanten aufrechterhalten, bis neue Kunden mit einer höheren „Attraktivität" akquiriert wurden. Bis dahin ist der hohe Lieferanteil immerhin geeignet, im schlechtesten Fall noch die Fixkosten zu absorbieren.

Zuordnung: Problemgeschäft

Diese Kategorie wird im Englischen „Nuisance" benannt, was übersetzt ein „Ärgernis" ist. Hierdurch wird deutlich, dass der Lieferant nur noch minimale Ressourcen in die Beziehung investiert. Der Einkauf wird dies in Lieferantenbewertungen erkennen können. Die Kooperationsbereitschaft aber auch Parameter des Lieferservice werden in ihren Beurteilungen nachlassen. Oft beenden die Lieferanten die direkte Lieferbeziehung und drängen die Kunden zum Bezug der Waren über ausgewählte Handelsunternehmen.

Dieses Portfolio eignet sich in Verhandlungen auch zur Eröffnung der Gespräche. Hierbei wird der Lieferant aufgefordert, sich zur Kundenpositionierung zu äußern und diese in ein Portfolio einzutragen.

Anschließend kann der Einkauf sich äußern, ob die vergangene Performance sich mit den zu erwartenden Reaktionen deckt. Ergibt sich eine Übereinstimmung z. B. dadurch, dass der Lieferant die Beziehung als „Ertragsgeschäft" einordnet und der Einkauf eine sinkende Performance feststellt, ist das Risiko von beiden Seiten angesprochen. Jetzt ist ein lösungsorientiertes Gespräch möglich.

Gehen die Einschätzungen auseinander, muss zunächst die Erwartungslage geklärt werden.

2.2.4 Kraljic-Matrix (Warengruppenportfolio)

Ein Gastbeitrag von Hanno Dettlof
Der Klassiker unter den „Einkaufs-Portfolios" ist die Kraljic-Matrix. Sie geht zurück auf den Ursprungsartikel von Peter Kraljic aus dem Jahr 1983 (Kraljic, 1983). Sie stellt die Grundlage für die Formulierung vieler Beschaffungsstrategien dar und kombiniert die interne Analyse zu einer Warengruppe innerhalb eines Beschaffungsbereiches mit der externen Analyse des korrespondierenden Beschaffungsmarktes.

Wir haben in den vorangegangenen Abschnitten unterschiedliche Methoden kennengelernt, Fakten zu dokumentieren. Bei der Erstellung eines Warengruppenportfolios greifen wir nun auf diese Erkenntnisse zurück.

Ziel ist es auch hier, Normstrategien abzuleiten, in diesem Fall für die Beschaffung von Warengruppen in einem definierten Umfeld einer Unternehmung. Auch hier finden wir einen gewissen Abstraktionsgrad vor, der oft Kritik an der Methode aufkommen lässt.

Der Qualität der Warengruppendefinition sollte daher besonderes Augenmerk zukommen. Die Warengruppe soll einen industriellen Sektor/Beschaffungsmarkt oder eine technische Plattform abbilden und eine signifikante Größe aufweisen.

Hierzu ein Beispiel:

Beispiel

In einem Maschinenbauunternehmen werden Kartonagen und Plastikboxen als indirektes Material eingekauft. Ihr Bedarf ist allerdings sporadisch und so gering bezogen auf den Gesamtumsatz, dass eine Warengruppe „Verpackung" ausreicht. Ein Konsumgüterhersteller, der 30 % seines Beschaffungsvolumens für Verpackungsmaterialien aufwendet, wird Warengruppen Karton, Wellpappe, Folie, Spritzguss etc. im Sinne der technischen Plattform definieren müssen.

Um nun im Rahmen der Verhandlungsvorbereitung auf ein Warengruppenportfolio zurückgreifen zu können, wird dem Verhandlungsgegenstand „Warengruppe" eine Normstrategie zugeordnet.

Im ersten Schritt wird die „Bedeutung der Warengruppe für den Geschäftserfolg" beurteilt. Kraljic (Kraljic, 1983) spricht hier von dem „Profit Impact". Anders als beim klassischen Marktmacht-Portfolio ist hier nicht nur das Ausgabevolumen relevant, sondern auch u. U. der Einfluss auf die Kostenstruktur, Image, Effizienz, Quality, Kundenwahrnehmung oder Marge. Diese Betrachtung ist die interne Analyse und greift zurück auf die Informationen aus dem Warengruppendossier.

Das Ergebnis ist auf der y-Achse abzutragen.

Anschließend wird in der externen Analyse die „Schwierigkeit der Beschaffung" beurteilt. Hierzu dient in erster Linie die Erkenntnis aus der Porter- und der Pestel-Analyse. Vereinfacht ist die Ausprägung eines Käufermarktes links auf der x-Achse abzutragen und die Ausprägung eines Verkäufermarktes im rechten Bereich des Diagramms.

Abb. 2.13 zeigt das Grundmodell der Kraljic-Matrix mit den 4 Warengruppen Quadranten Hebel, Strategisch, Engpass und Standard und den zugeordneten Normstrategien.

In der Gewissheit, eine Warengruppe einem Portfolio zugeordnet zu haben, entsteht nun eine eindeutige Handlungsempfehlung im Sinne der Normstrategie. Wir erkennen in Abb. 2.13 Empfehlungen:

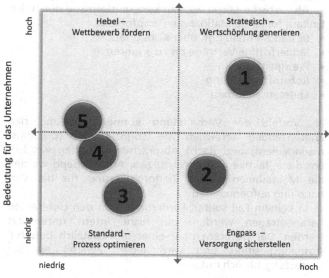

Abb. 2.13   Kraljic-Matrix

• Hebel Warengruppen	> Wettbewerb ausschöpfen
• Strategische Warengruppen	> Wertschöpfung ausbauen
• Engpass Warengruppen	> Versorgung sicherstellen
• Standardwarengruppen	> Effizient beschaffen

Diese Zuordnung kann in der Verhandlungsvorbereitung nun dazu genutzt werden, um die vorrangigen Ziele zu definieren. Insbesondere werden taktische Einkaufshebel abgeleitet.

Hierzu ein weiteres Beispiel:

Beispiel

Es wird über eine Warengruppe im Bereich der Engpass Warengruppen verhandelt.

Die Beschaffung in diesem Verkäufermarkt ist gekennzeichnet durch hohe Wechselkosten,

hohe Auslastungen, lange Lieferzeiten und nur 2 mögliche Lieferanten in Europa. Global werden Kapazitäten geschaffen und stehen in 6 Monaten zur Verfügung.

Als taktische Mittel werden kurz-/mittelfristig durch den Einkauf folgende Maßnahmen empfohlen:
• Bestandsaufbau ggf. über Konsignation
• längerfristige Verträge bis zu 3 Jahren
• Preisgleitklauseln
• Rohstoffbeistellung
• Lieferantenaufbau

Im Vorfeld der Verhandlung können nun mit den angrenzenden Bereichen wie Logistik, QM (Qualitätsmanagement) und Recht Absprachen getroffen werden, um diese Taktiken zu unterstützen. Anschließend werden die Maßnahmen in die Zielformulierung für die Verhandlung aufgenommen.

In keinem Fall sollten Forderungen an den Lieferanten herangetragen werden, die nicht intern unterstützt werden. Der Lieferant ist in einer grundsätzlich besseren Ausgangsposition und wird jeden Zweifel an der Umsetzung für sich nutzen.

2.2.5 Exkurs: Preis- und Kostenanalysen

Ein Gastbeitrag von Klaus Dieter Lorenzen
In den vorgestellten Beispielen für ein Warengruppendossier wird auch Bezug auf Preisentwicklungen, Kosten
und Kostentreiber genommen.

Diese Informationen haben eine sehr hohe Relevanz
für die Verhandlungsvorbereitung, da Preise bzw. Kosten
üblicherweise ein zentraler Verhandlungspunkt sind.

Um nicht in eine „Basarsituation" zu geraten, in der
Feilschen eine faktenbasierte Argumentation ersetzt,
bietet sich eine gut fundierte Vorbereitung an. Je nach
Bedeutung des Beschaffungsobjektes (z. B. A- oder
C-Material) und auch in Abhängigkeit von anderen
Zielen (z. B. Lieferzeit versus Preis) kann und muss
dieser Thematik differenzierte Aufmerksamkeit gewidmet
werden.

Methodisch erfolgt die Vorbereitung im Rahmen einer
Preis- und Kostenanalyse (vgl. zu den folgenden Ausführungen Lorenzen & Krokowski, 2023).

Ihr Ziel ist die Ermittlung eines Einstandspreises
(= Zielpreis für die Verhandlung), der vom kaufenden
Unternehmen als „fair", d. h. betriebswirtschaftlich
begründet, akzeptiert wird. Dabei wird von der Annahme
ausgegangen, dass das kaufende Unternehmen seinem
Lieferanten zugesteht, dass er kostendeckend und auch
einen Gewinn erzielend arbeitet.

Der Begriff „Zielpreis" ist dabei in einem weiten Sinn
zu verstehen, da – im Sinne einer Total-Cost-Betrachtung
– alle wesentlichen durch eine Entscheidung verursachten
Kosten zu betrachten sind. Als Beispiel seien hier die
Varianten „Kauf eines PKW" und „Full-Service-Leasing
eines PKW" genannt, um deutlich zu machen, dass
(hier beim Kauf) verschiedene Folgekosten ergänzend zu

berücksichtigen sind, um einen Vergleich der Varianten auf eine sinnvolle Basis zu stellen.

Die Liste mit Beispielen ließe sich weiter fortsetzen, da auch sehr unterschiedliche Lieferkonditionen oder Logistikkonzepte Kosten verursachen, die neben dem Preis zu berücksichtigen sind.

Die Preis- und Kostenanalyse wird sehr unterschiedlich intensiv durchgeführt. Das Spektrum reicht von einem Verzicht auf diese Methode (tendenziell bei C-Materialien) bis zur Nutzung sehr ausgefeilter und methodisch anspruchsvoller Instrumente bei besonders bedeutungsvollen (mit hohen Kosten verbundenen) Beschaffungsgütern.

Zur Durchführung der Preis- und Kostenanalyse werden zwei Schritte gegangen:

1. **Schaffung einer einheitlichen Bezugsbasis bezüglich der entscheidungsrelevanten Kosten**

Mit diesem Schritt wird sichergestellt, dass der Zielpreis, z. B. zur Vorbereitung von Verhandlungen mit mehreren potenziellen Lieferanten für das gleiche Beschaffungsobjekt, auf der gleichen Basis erfolgt:

Werden alle Kosten berücksichtigt, bis die Ware im Wareneingang verfügbar ist?

Werden mögliche Kosten aufgrund von Störungen (neuer Lieferant, problematische Lieferkette) in die Entscheidung einbezogen?

Ist es notwendig, weitere, z. B. mit der Nutzung oder bei der Entsorgung entstehende Kosten (Total-Cost-Ansatz) zu berücksichtigen?

2. **Untersuchung der Angemessenheit des Preises und der Kosten**

Um die Angemessenheit zu prüfen, liegen sehr unterschiedliche Methoden vor, die sich erheblich durch die Art und Qualität der Ergebnisse, ihre Einsatzgebiete und den zu betreibenden Aufwand unterscheiden.

Zu den „Klassikern" gehört der beliebte Angebotsvergleich. Diese Methode ermöglicht keine „echte" Preis- und Kostenanalyse, da weder Preise noch Kosten weiter hinterfragt werden. Sie ist aber zur Einschätzung der Angemessenheit eine pragmatische und akzeptable Methode, wenn – und dies muss der Einkauf immer wieder sicherstellen – zwischen den Bietern Wettbewerb existiert.

Wenn die Verhandlungssituation mehr Aufwand für die Preis- und Kostenanalyse rechtfertigt, dann bieten sich die Kostenstrukturanalyse und die Gegenkalkulation als Instrumente an.

Ziel dieser Methoden ist es, Licht in die Kosten des Lieferanten bzw. des Beschaffungsobjektes zu bringen.

Wie hoch sind Kosten für welches eingesetzte Material, für das Personal, für eingesetzte Maschinen, für die Logistikprozesse und wie hoch ist der Gewinn?

Als Datenbasis können diverse teilweise kostenfrei zugängliche Quellen (z. B. Branchendaten, Geschäftsberichte, Kostenstrukturerhebung des Statistischen Bundesamtes ...), Dienstleister und interne Daten des einkaufenden Unternehmens (z. B. aus der eigenen Fertigung ...) genutzt werden. Neben diesen hier nur kurz skizzierten Methoden existieren weitere, die nachfolgend kurz benannt und erläutert werden (von oben nach unten steigen in der Liste der zu betreibende Aufwand und die Aussagekraft; Lorenzen & Krokowski, 2023):

- Zeitlicher Vergleich früherer und aktueller Angebote/ Preise des gleichen Lieferanten.
  Betrachtet wird nur (!) die Angemessenheit der Veränderung im Zeitverlauf (gemessen an einem Vergleichsmaßstab).

- Angebotsvergleich – Annahme: Es existiert Wettbewerb zwischen den Bietern.
- Benchmarking – Vergleich der eigenen Preise mit denen, die „Andere" bezahlen. Dies können andere Standorte oder Tochtergesellschaften eines Unternehmens, aber auch miteinander kooperierende Unternehmen sein.
- Partieller Preisvergleich – Einsatzgebiet: Leistungen, die in einzelne, mit Preisen bewertbare Teilleistungen zerlegt werden können. „Rosinenpicken" (Cherrypicking), d. h., aus verschiedenen Angeboten für die Teilleistungen werden die besten (preisgünstigsten) herausgenommen und die Summe ihrer Preise wird zum Maßstab für die Gesamtleistung gemacht.
- Rückgriff auf öffentliche Notierungen – einsetzbar z. B. bei Rohstoffen und Beschaffungsobjekten, deren Kosten maßgeblich von Rohstoffpreisen beeinflusst werden.
- Offene Kalkulation (auch: Open-Book-Verfahren) – Der Kunde verpflichtet sich, die entstehenden Kosten (zuzüglich Gewinn) zu bezahlen, verlangt aber im Gegenzug Einblick in die Kalkulation des Lieferanten.
- Preis-/Kostenstrukturanalyse – differenzierte Analyse der Preis- und Kostenbestandteile der vom Lieferanten angebotenen Leistung.
- Gegen-/Eigenkalkulation – Das beschaffende Unternehmen ermittelt auf Basis seiner Kenntnisse einen idealtypischen Preis für eine Leistung.

2.2.6 Lieferanten-Preis – Leistungsportfolio

Ein Gastbeitrag von Hanno Dettlof
Wesentlicher Bestandteil einer Warengruppenstrategie ist neben der Markt- auch die Lieferantenstrategie. Die Lieferantenstrategie definiert zum einen, wo die Supply

Base (Geographie) ist, und zum anderen, wie groß die Supply Base (Single-, Dual- oder Multi-Sourcing) sein soll.

Entscheidend ist jedoch zuvor im Rahmen des Lieferantenmanagements, den Anspruch an die Lieferanten zu definieren. Wir haben dazu im Abschn. 2.1.3 „Lieferantenprofile" bereits Kriterien kennengelernt, die bei der Auswahl einfließen sollen.

Trotz klar definierten Auswahlprozessen stellen wir fest, dass die vorhandene Supply Base oft nicht den Ansprüchen genügt und vor allem zukünftigen Ansprüchen nicht gewachsen ist. Es ist daher sinnvoll, auch die bestehenden Lieferanten regelmäßig zu analysieren und mögliche Handlungen aus der Analyse abzuleiten.

Die klassische Frage an die Lieferanten ist die nach dem Preis-/Leistungsverhältnis. Diese etwas allgemeine Relation soll nun durch eine Portfolio-Darstellung Klarheit schaffen.

Im Rahmen von Lieferantenklassifizierungen besteht die Möglichkeit, Daten aus den Lieferantenprofilen, Lieferantenbewertungen und Qualitätssystemen auszuwerten. Diese Daten sind in die Dimensionen Preis/Konditionen und Qualität/Service zu unterteilen. In ein Portfolio übernommen wird jeweils ein gewichteter Wert über alle Unterkriterien.

Als Unterkriterien bieten sich an:

- **Preis/Konditionen:** Marktgerechte Preise und Konditionen, Angebotsverhalten, Bereitschaft zu offener Kalkulation, Kostensenkungsinitiativen
- **Qualität/Service:** Reklamationsquoten, Termin und Mengentreue, Erreichbarkeit, Kompetenz und Lösungsorientierung

Es stellt sich nun die Frage nach der idealen Verteilung. Der Einkauf entscheidet mit seiner Lieferantenstrategie, ob beispielsweise ein Szenario, in dem 90 % beim Marktführer gekauft wird, weiterhin angemessen ist für die jeweilige Warengruppe.

Möglicherweise ist die Situation infrage zu stellen, da sich so Einsparungen ergeben können, ohne signifikante Risiken einzugehen.

Der Lieferant kennt in jedem Fall seine Position im Markt und beim Kunden. Er wird immer seine Preis-Position über den Service erklären. Hier setzt die Verhandlungsvorbereitung an und hinterfragt den Service und die Leistungen, um ggf. Überspezifikationen zu identifizieren und Anforderungen zu überprüfen.

Gelingt es, Preis und Leistungsparameter transparent zu machen, kann diese Art der Klassifizierung auch dazu dienen, Lieferantenklassen zu bilden, die im Rahmen einer Lieferantenpyramide die Supply Base segmentiert.

Neben weiteren Kriterien entstehen so Hierarchien für Lieferanten, die sich durch unterschiedliche Inhalte unterscheiden.

Oberen Hierarchien werden z. B. besondere Rechte (längere Verträge, Exklusivität, gemeinsame Messeauftritte etc.) eingeräumt. Sie müssen aber auch höheren Anforderungen (hohe Qualitäts-Scores, Sicherheitsbestände, eigenes Risikomanagement etc.) gerecht werden. Auf diese Weise kann man die Attraktivität einer Beziehung steigern und dies ebenfalls als Argumentation in Verhandlungen anführen.

3

Teil 2: Tipps für eine erfolgreiche Vorbereitung

3.1 Weshalb Profiling für Ihren Verhandlungserfolg wichtig ist

Profiling ist eine Technik, die aus verschieden Bereichen der Psychologie, Verhaltensforschung und Verhaltenstheorie entwickelt wurde. Diese Methode wird speziell von Verhandlungsexperten verwendet, um die Persönlichkeit und die Verhaltensmuster einer Person vor der Verhandlung zu analysieren. Das Ziel, bessere Einsichten über den Verhandlungspartner zu gewinnen und somit besser vorbereitet in die Verhandlung zu gehen, ist mittlerweile ein unverzichtbares Werkzeug im Verhandlungsumfeld.

Für ein Verhandlungsprofiling ist der erste Schritt in der Vorbereitung die Sammlung von Informationen – sowohl über das Unternehmen und von den am Verhandlungsprozess beteiligten Personen des Unternehmens.

Dazu gibt es viele Möglichkeiten, viele Quellen wie das Internet, Auskunfteien, soziale Netzwerke, Kollegen

© Der/die Autor(en), exklusiv lizenziert an Springer Fachmedien Wiesbaden GmbH, ein Teil von Springer Nature 2023
P. Troczynski, *Verhandlungen optimal vorbereiten*, Fit for Future, https://doi.org/10.1007/978-3-658-42392-6_3

und ganz besonders die Mitarbeiter, die alle in irgendeinem Kontakt zu den Mitarbeitern des Verhandlungspartners stehen. Dazu gehören neben allgemeinen Informationen auch persönliche Informationen über die Verhandlungspartner. Auch die Informationen über das bisherige Auftreten in Verhandlungen, das Verhalten bei früheren Entscheidungen oder auch die bisher genutzten Argumentationen und Einwände sind für eine Analyse der Verhandlungspartner notwendig.

Wichtig bei allen Informationsrecherchen ist die Unterscheidung nach Notwendigkeit und „nice to have". Eine Menge Informationen sind für viele Mitarbeiter und Führungskräfte im Unternehmen von Interesse. Ob der Besitz dieser Informationen das Unternehmen bzw. den einzelnen Unternehmensbereich jedoch weiterbringt, entscheidet immer derjenige, der die Information thematisiert.

Letztlich ist gerade jede Informationsbeschaffung eine Frage des Aufwands von Zeit und Ressourcen und somit eine Frage nach der Effektivität.

3.2   Wichtige Merkmale im Profilingprozess

Vor einer Verhandlung ist es wichtig, so viel wie möglich über Ihren Verhandlungspartner zu wissen, um eine erfolgreiche Verhandlung durchführen zu können.

Ein Profilingprozess umfasst in der Regel eine systematische und strukturierte Analyse von Verhaltens- und Persönlichkeitsmerkmalen einer Person (vgl. Dauth, 2019).

Durch das Profiling können Sie wichtige Informationen über die Person und über das Unternehmen des

Verhandlungspartners sammeln. Zu den Faktoren gehören beispielsweise Persönlichkeitsmerkmale, Einstellungen, Verhaltensweisen, Hintergrund, Bildungsniveau und Interessen. Sie können herausfinden, welche Interessen und Bedürfnisse diese Person oder das Unternehmen hat, welche Prioritäten sie haben und welche Motivationen hinter ihren Entscheidungen stehen.

Neben diesen Elementen gehören auch Themen wie das „Warum" der Verhandlung, die Erfahrungen aus möglichen vorherigen Verhandlungen mit den Verhandlungspartnern als auch die klassischen Basisfragen zum Anlass und der aktuellen Situation in ein Verhandlungsprofiling.

Diese Informationen können Ihnen helfen, Ihre Verhandlungsstrategie zu planen und Ihre Argumente und Angebote entsprechend anzupassen.

Durch das Profiling können Sie auch die Stärken und Schwächen der Person oder des Unternehmens einschätzen. Sie können herausfinden, welche Ressourcen sie haben und welche Einschränkungen es gibt. Dies kann Ihnen helfen, Ihre Verhandlungsposition besser zu verstehen und zu planen, wie Sie Ihre eigenen Stärken nutzen und ihre Schwächen ausnutzen können.

Geschäfte werden immer von Menschen gemacht. Deshalb ist es wichtig, sich mit der Person auf der anderen Seite des Verhandlungstisches zu befassen. Die dafür wichtigen Fragen, Merkmale und Informationen finden Sie in Abschn. 3.7.

Ein Personen- oder Unternehmensprofil kann auch dazu beitragen, unerwartete Situationen während der Verhandlung zu vermeiden oder besser darauf reagieren zu können. Wenn Sie die Persönlichkeit oder die Unternehmenskultur der Gegenpartei kennen, können Sie sich auf bestimmte Verhaltensweisen oder Reaktionen vorbereiten und entsprechend reagieren.

Letztendlich kann ein Personen- oder Unternehmensprofil auch dazu beitragen, Vertrauen aufzubauen, zu stärken und Beziehungen zu fördern.

Eine gute Vorbereitung zeigt auch, dass man sich für die andere Seite interessiert. Sie ist ein erster Schritt, um das Vertrauen des Verhandlungspartners zu gewinnen, und die Grundlage für eine erfolgreiche Verhandlung.

Wissen ist Macht

Das Wissen um seine Verhandlungspartner ist Gold wert. Dazu sollten Sie wie in Kriminalfällen neben einem Unternehmensprofil auch ein genaues Personenprofil – je konkreter, desto besser – erstellen. Das Profil für das Verhandlungsprofiling listet Details über die Stellung im Unternehmen, persönliche Verhaltensweisen und Werte des anderen auf.

Nur wenn Sie Ihren Partner kennen und sich bestens vorbereitet haben, können Sie erfolgreich verhandeln!

Fragen Sie sich, welche Rolle Ihr Gesprächspartner im Verhandlungsprozess einnimmt.

Wie ist seine Einflussmöglichkeit auf Planung, Verkauf und Ergebnis der Verhandlung.

Beachten Sie auch ihren individuellen Sympathie- oder Antipathie-Faktor.

Wenn Sie **„wissen"**, nicht glauben oder vermuten,
mit wem Sie es zu tun haben,
sind Sie von Anfang an in einer besseren Position.

3.3   Klären Sie das „Warum" der Verhandlung

Es ist sehr wichtig, das „Warum" einer Verhandlung zu klären, da es Ihnen hilft, das eigentliche Ziel und die Absicht jeder Seite zu verstehen (vgl. Gates, 2019). Wenn

Sie das „Warum" verstehen, können Sie die Interessen und Bedürfnisse der anderen Partei besser nachvollziehen und herausfinden, was für sie am wichtigsten ist.

Das Verstehen des „Warum" kann auch dabei helfen, Missverständnisse und Fehlkommunikation zu vermeiden. Wenn jede Partei ihre Ziele und Absichten klar kommuniziert, können potenzielle Missverständnisse und Meinungsverschiedenheiten frühzeitig erkannt und behoben werden.

Darüber hinaus kann das Verständnis des „Warum" auch dazu beitragen, eine Win-Win-Situation zu schaffen, bei der beide Parteien das Gefühl haben, dass ihre Bedürfnisse erfüllt wurden. Wenn Sie das „Warum" hinter den Anforderungen und Forderungen der anderen Partei verstehen, können Sie möglicherweise einen Kompromiss oder eine Lösung finden, die für beide Seiten akzeptabel ist.

Zusammenfassend ist das Verständnis des „Warum" einer Verhandlung ein wichtiger Schritt, um erfolgreiche Verhandlungsergebnisse zu erzielen und ein harmonisches Arbeits- oder Geschäftsverhältnis aufzubauen.

3.4 Lernen Sie aus früheren Verhandlungen

Machen Sie sich mit der Vorgeschichte der Zusammenarbeit und Ergebnissen früherer Verhandlungen etc. vertraut. Es ist wichtig, sich darüber zu informieren, wie vergangene Verhandlungen ausgegangen sind und welche Ergebnisse erzielt wurden. Zudem hilft die Kenntnis der Vorgeschichte früherer Verhandlungen, das Vertrauen zwischen den Parteien aufzubauen, indem man signalisiert, dass man sich umfassend mit der Thematik auseinandergesetzt hat.

Des Weiteren helfen diese Kenntnisse der Vorgeschichte frühere Fehler oder Missverständnisse zu vermeiden. Wenn man die Ergebnisse früherer Verhandlungen kennt, kann man die Entscheidungen der früheren Parteien besser nachvollziehen und mögliche Fehler oder Schwierigkeiten in der Vergangenheit verstehen.

Überprüfen Sie auch, wie Ihr Verhandlungspartner in der Vergangenheit verhandelt hat und ob es bestimmte Verhaltensmuster oder Vorlieben gab, die Sie kennen sollten. Wenn man weiß, wie frühere Verhandlungen verlaufen sind und welche Taktiken und Strategien zum Einsatz kamen, kann man möglicherweise eine bessere Verhandlungsstrategie entwickeln und vorbereiten.

Zu wissen, welche Ziele und Interessen der Verhandlungspartner in vergangenen Verhandlungen verfolgt hat, kann dabei helfen, mögliche Kompromisse zu finden. Wenn man weiß, welche Zugeständnisse in der Vergangenheit gemacht wurden, kann man diese für die aktuelle Verhandlung nutzen.

Hier sind einige Orientierungspunkte
Man kann aus früheren Verhandlungen den bevorzugten Verhandlungsstil des Gesprächspartners ableiten. Sie können herausfinden, ob der Gesprächspartner eher konfrontativ oder kooperativ ist, ob er direkt oder indirekt kommuniziert, und ob er schnell Entscheidungen trifft oder Zeit braucht, um sich zu beraten.

Durch frühere Verhandlungen können Sie auch die Prioritäten und Interessen des Gesprächspartners besser verstehen. Sie wissen, welche Themen für den Gesprächspartner besonders wichtig waren und welche Faktoren seine Entscheidungen beeinflussten.

Sie kennen seine möglichen Verhaltensmuster, seine Prioritäten und seine möglichen Verhandlungsziele. Sie wissen, ob der Gesprächspartner kompromissfähig ist oder ob er hartnäckig bleibt, wenn es um bestimmte Punkte geht.

Sie kennen auch die Stärken und Schwächen des Gesprächspartners. Sie wissen, wo er vielleicht bereit ist, Zugeständnisse zu machen, und wo er weniger flexibel ist. Sie können sich auf seine Argumentationsstrategien und Taktiken besser vorbereiten.

Durch die Analyse früherer Verhandlungen können Sie herausfinden, welche Ihrer Strategien und Taktiken in der Vergangenheit erfolgreich waren und welche nicht. Auf diese Weise können Sie zukünftige Verhandlungen besser planen und durchführen. Sie wissen auch, auf welche Argumente des Gesprächspartners Sie sich besonders vorbereiten müssen.

Durch die Analyse früherer Verhandlungen und die Berücksichtigung dieser Erkenntnisse kann man seine Verhandlungsfähigkeiten verbessern und erfolgreichere Ergebnisse erzielen.

3.5 Klären Sie die Basisfragen zur aktuellen Situation und zum Anlass

Ein wesentliches Kriterium einer erfolgreichen Beschaffungsbeziehung ist die Einschätzung des Lieferanten im Hinblick auf seinen partnerschaftlichen Willen zur Zusammenarbeit und auf seine künftige Zuverlässigkeit.

Generell ist künftiges Liefer- und Problemlösungsverhalten einschätzbar, weil es einerseits aus kontinuierlichen Entwicklungen kommt, andererseits aus Erfahrungswerten abgeleitet werden kann. Aber jede Verhandlungssituation ist anders, hat andere Themen und muss in beiderseitigem Interesse gelöst werden.

Die Basisdaten zur aktuellen Situation sind immer die Grundlagen für die anstehende Verhandlung. Lassen Sie sich von nachfolgenden Fragestellungen inspirieren und passen Sie diese an Ihre Situation an.

Wie ist die Historie – welche Hintergrundinformationen liegen vor?

Welche Schwierigkeiten sind zu erwarten und wie gehe ich damit um? Wie sind die Folgen für die Firma – wie sind die Folgen für die andere Seite?

Fragen zur Beschaffungsmarktforschung – wie ist die Entwicklung von Rohstoffpreisen, Energie und Löhnen?

Fragen zur Kalkulation – wie setzen sich die Kostenbestandteile zusammen – Lohn, Material, Gemeinkosten, Preisgestaltung, Preispolitik? Nachkalkulation durchführen.

Fragen zur Kapazität – sind diese ausreichend für einwandfreie, störungsfreie und dauerhafte Vertragserfüllung – qualitativ – quantitativ – preislich und terminlich?

Fragen zu Reklamationen und Problemlösungsverhalten – Mängelrügen, Auftragsstörungen wie Art – Häufigkeit – Umgang damit und Behandlung, kooperativ, flexibel, starr.

Fragen zur Qualitätssicherung – Zertifikatslieferer; DIN ISO 9000 ff., Wertanalyse, Wertgestaltung, Verbesserungsvorschläge.

Fragen zum Kulanzverhalten – großzügig, angemessen, kleinlich. Müssen Aktionen zu Verbesserungen eingeleitet werden?

Fragen zur Versorgungssicherung – Konsignationslager, Pufferlager beim Lieferanten, Vormaterial ausreichend bevorratet, Vorauslieferungen, Mehrfachlieferungen je Artikel/Material organisiert, Vorlieferant zuverlässig, potent, vertraglich gebunden, Vertragsstrafe.

Fragen zum Umsatz – Ist-Umsatz – Soll-Umsatz – Entwicklung – Trend (5-Jahresübersicht).

Wettbewerbsvergleich – Angebote einholen.

Einbeziehung des Fachbereichs und/oder Geschäftsführung?
Wie sind die Machtverhältnisse?

3.6 Unternehmensprofiling

Im Business-Bereich geht es entweder darum, mit Ihrer Lösung dem Verhandlungspartner zum Erfolg zu verhelfen, oder selbst eine gute, akzeptable Lösung für Ihr Unternehmen durch das Angebot des Verhandlungspartners zu finden.

Ein Unternehmensdossier (vgl. Troczynski & Löhr, 2018) beinhaltet wichtige Informationen über das Unternehmen des Verhandlungspartners. Da kann jede Information für die Verhandlungsvorbereitung relevant sein.

Grundsätzlich sollten Sie sich mit folgenden Elementen für die Informationsbeschaffung befassen.

Unternehmensgeschichte und Entwicklung gehören genauso in ein Unternehmensdossier wie die finanziellen Informationen, z. B. Bilanzen, GuVs (Gewinn und Verlust) und Entwicklung der Mitarbeiterzahlen.

Eine Übersicht über die Produkte und Dienstleistungen des Unternehmens, Informationen über Standorte, global, lokal, Produktionsprozesse, Lieferketten gehören in das Dossier genauso wie die Informationen über die Marktposition und die Kundenbasis des Unternehmens.

Diese Informationen helfen Ihnen dabei, ein klares Verständnis für die Stärken und Schwächen des Unternehmens Ihres Verhandlungspartners zu erlangen. Dazu werden Ihnen nachfolgende Fragestellungen nicht nur für die Vervollständigung eines Unternehmensdossiers helfen, sondern Ihnen auch noch bei den Verhandlungen einen Vorteil verschaffen.

3.6.1 Fragenkatalog zum Unternehmensdossier

Die folgenden Fragen erheben keinen Anspruch auf Vollständigkeit, sollen aber eine Vorstellung davon geben, welche Informationen grundsätzlich interessant sind und welche Informationen für einzelne Rechercheprojekte interessant sein könnten.

Die Vergangenheit

Seit wann existiert die Zusammenarbeit und wie war die Zusammenarbeit bisher: gut – zufriedenstellend – problematisch?

Liegen die bisherigen Erfahrungen mit dem Unternehmen ausgewertet vor?

Welches Vertrauensverhältnis besteht zwischen den am Prozess beteiligten Personen?

Aktuelle Zahlen

Wie groß war/ist das Einkaufsvolumen (aktuell – vergangene 5 Jahre)?

Wie sehen die betriebswirtschaftlichen Zahlen aus (im Vergleich zum eigenen Unternehmen)?

Umsatz, Gewinn, DB (Deckungsbeitrag), Größe, Anzahl Mitarbeiter, Patente, Auszeichnungen, Referenzen, Bonität, Auslastung etc.?

Gab es nachprüfbare Liquiditätsengpässe in der Vergangenheit?

Der Markt des Lieferanten

Was sind die wesentlichen Geschäftsfelder des Unternehmens?

Welche Marktstellung hat das Unternehmen?

Wächst, stagniert oder schrumpft sein Markt?

Welche Zielgruppen werden bedient?

Welches Produkt-/Dienstleistungsportfolio bildet den Schwerpunkt?

Welche Vorteile/Nachteile gegenüber dem Wettbewerb sind bekannt?

Aktuelle Situation des Lieferanten

Wie bedeutend ist der zu vergebende Auftrag für den Lieferanten?

Wie ist die aktuelle Auftragslage, Auslastung des Lieferanten?

Wie wirtschaftlich gesund bzw. angeschlagen ist der Lieferant?

Kennen wir den Wert des Lieferanten und seine Ertragslage?

Kosten Alternativen

Welcher Aufwand würde entstehen, wenn ein anderer Lieferant ausgewählt wird?

Wie hoch sind gegebenenfalls die Umstellungs-/Werkzeugkosten?

Welche Alternativlieferanten kommen für uns infrage und welche konkreten Angebote liegen bereits vor?

Unsere Chancen und Risiken

Welche Chancen/Risiken ergeben sich dafür für uns?

Sind gemeinsame Interessen ermittelt, Möglichkeiten intern abgesprochen und Chancen aufgezeigt?

Ist eine Kooperation als Systemlieferant möglich. Welche Patente/Lizenzen liegen vor.

Konditionen/Preise

Wie interessant und nutzbar ist die Preispolitik für uns hinsichtlich Preise, Rabatte, Konditionen. Sind Festpreise, Gleitklauseln, Gültigkeitsdauer-Vereinbarungen möglich?
Wie sieht die Preisgestaltung des Lieferanten hinsichtlich Menge – Preis – Verhältnis, zu Abrufaufträgen, zu Staffelpreisen, Werkzeugkosten und Amortisation aus?
Welche Nachlässe/Rabatte wie Naturalrabatt, Mengenrabatt, Funktionsrabatt (OEM) oder Bonusvereinbarungen sind zu erwarten?

Status

Welchen Status hat er bei uns (strategisch – entwicklungsfähig – austauschbar)?
Wie wichtig sind Sie für den Lieferanten als Kunde?

3.6.2 Ein Unternehmensdossier liefert Entscheidungsgrundlagen

Ein Unternehmensdossier des Lieferanten kann wichtige Informationen liefern, die helfen können, fundierte Entscheidungen bei der Auswahl von Lieferanten zu treffen.

Einige Möglichkeiten, wie ein Unternehmensdossier eines Lieferanten genutzt werden kann:

Ein Unternehmensdossier kann helfen, das Risiko eines Lieferanten besser zu bewerten. Es enthält nach Möglichkeit Informationen über die finanzielle Situation, die Marktstellung, die Reputation und andere Faktoren, die dazu beitragen können, potenzielle Risiken zu identifizieren und zu bewerten.

Auf diese Weise können bessere Entscheidungen getroffen werden, z. B. ob der Lieferant geeignet ist und ob die Zusammenarbeit mit ihm ein Risiko für das eigene Unternehmen minimiert.

Ein Unternehmensdossier liefert auch wichtige Informationen über den Lieferanten und seine Wettbewerber, die Ihnen bei Preisverhandlungen helfen können. Wenn Informationen über die Kostenstruktur des Lieferanten vorliegen, kann besser geschätzt werden, ob die angebotenen Preise fair sind und wie viel Spielraum für Verhandlungen vorhanden ist.

Ein Unternehmensdossier kann helfen, fundierte Entscheidungen bei der Auswahl von Lieferanten zu treffen. Wenn z. B. Informationen über die Stärken und Schwächen des Lieferanten vorliegen, kann besser beurteilt werden, ob der Lieferant den geforderten Anforderungen entspricht und ob er ein zuverlässiger Partner sein kann.

Ein Unternehmensdossier kann auch dazu beitragen, Beziehungen zu Lieferanten zu pflegen und zu verbessern. Wenn Sie Informationen über die Kultur und Werte des Lieferanten haben, können Sie besser verstehen, wie Sie mit ihm kommunizieren und zusammenarbeiten können. Auf diese Weise können Sie eine positive Beziehung aufbauen und langfristige Geschäftsbeziehungen aufbauen.

3.6.3 Informationen schaden nur dem, der sie nicht hat – ein Beispiel

Viele Einkäufer reden sich und ihr Projekt klein, wenn sie mit einem Konzern verhandeln müssen.

Eine wichtige Stütze in der Verhandlungsvorbereitung ist die Erstellung eines Unternehmensprofilings. An dieser Stelle lassen sich schon viele Einkäufer von dem Vergleich ihres Unternehmens mit dem eines sehr großen

Lieferanten oder eines Konzerns verunsichern. Wenn wir die Frage nach der Wichtigkeit für das Geschäftsverhältnis stellen, hören wir sehr häufig die Aussage, dass man zu klein und deshalb sicher nicht wichtig genug als Kunde für diesen Lieferanten ist.

Eine erste Grundlage zur Bewertung der Attraktivität als Kunde wird häufig auf der Basis der Umsatzgröße des Lieferanten im Vergleich zum Umsatz unseres Kunden getroffen.

Beispiel: 160 Mio. € Umsatz des Lieferanten vs. aktuell 820 Tausend € Umsatz unseres Kunden bei diesem Lieferanten.

In der Vergangenheit hat unser Kunde in den letzten 4 Jahren einen jährlichen Einkaufsumsatz von 2.800.000 € erzielt.

Für das aktuelle Jahr (2022) wird er einen Einkaufsumsatz von ca. 820.000 € erreichen.

Sein Lieferant selbst erzielt europaweit einen Umsatz von 160 Mio. €.

Wenn man sich nun diese Zahlen anschaut, ist ein Jahreseinkaufsumsatz von 820 TD € bei einem Gesamtumsatz von 160 Mio. € des Lieferanten erstmal nicht sehr viel.

Hier beginnt das „Kleinreden":

„Mit dem Umsatz sind wir nicht wichtig für unseren Lieferanten."

Genau dieses Denkmuster ist die Grundlage für nicht so gute Verhandlungsergebnisse. Man lässt sich von der Größe des Lieferanten blenden und stellt seinen Umsatz dem Gesamtumsatz des Lieferanten gegenüber.

Wenn der Lieferant dann noch zu den großen Konzernen gehört, entsteht sofort eine negative Verhandlungssituation auf der Seite des „Kleineren".

Die gleiche Situation entsteht auch auf der Verkaufsseite.

Ein kleines mittelständisches Unternehmen mit ca. 250 Mitarbeitern ist Zulieferer eines Großkonzerns mit 45.000 Mitarbeitern und liefert Materialien für die Produktion des Konzerns.

Wenn man sich jetzt noch die Frage nach der Verhandlungsmacht stellt und wer sie hat, liegt die Antwort in beiden Situationen doch sehr nahe. Es ist immer der „Größere".

Davon lassen sich z. B. sehr viele Verhandlungspartner aus dem Ein- oder Verkauf leiten.

Dass in solchen Fällen große Chancen für bessere Ergebnisse vergeben werden, erleben wir immer wieder.

In einem Profilingprozess stellte sich sehr schnell heraus, wie wichtig unser Kunde doch für den Lieferanten ist.

Die Ausgangssituation stellte sich folgendermaßen dar:

Beispiel

Hierzu ein Auszug der Fragen, neben vielen anderen, die für den gewünschten Informationsbedarf wichtig waren.

Seit wann existiert die Zusammenarbeit und wie war die Zusammenarbeit bisher: gut – zufriedenstellend – problematisch?

Wie groß war/ist das Einkaufsvolumen (aktuell – vergangene 5 Jahre)?

Wie sehen die betriebswirtschaftlichen Zahlen aus (im Vergleich zum eigenen Unternehmen): Umsatz, Gewinn, DB, Größe, Anzahl Mitarbeiter, Patente, Auszeichnungen, Referenzen, Bonität, Auslastung etc.

Wie setzt sich der Umsatz nach Ländern zusammen?

Wie ist der Vertrieb in Deutschland organisiert?

Wer sind die Gesprächspartner?

Wer sind die wichtigsten Wettbewerber?

Nach der Beantwortung der Fragen konnten wir schnell ein interessantes Bild für die zukünftige Verhandlungsstrategie schaffen.

Gesamtumsatz 160 Mill. € – Umsatz des Lieferanten in Deutschland belief sich auf 45 Mio. €.

Die Erkenntnis

Auf den in Deutschland erzielten Umsatz haben wir uns fokussiert.

Der Deutschlandvertrieb war in die klassischen 4 Bereiche Nord – Süd – Ost – West aufgeteilt.

Jeder dieser Regionen hat einen regionalen Vertriebsleiter mit entsprechenden Zielen.

Das waren wie so häufig der Umsatz, Deckungsbeitrag, Kundenzufriedenheit und Kundensicherung.

Aus diesen Informationen wurde unserem Kunden schnell bewusst, dass er einen anderen Status als bisher geglaubt bei dem Lieferanten hatte.

Plötzlich war er ein wichtiger Kunde für den Lieferanten.

Allein die Aufteilung von 45 Mio. € auf 4 Regionen zeigte auf, dass unser Kunde auch ein Top-Kunde des Lieferanten war. So hat sich die anfänglich nicht vorhandene Verhandlungsmacht zu Gunsten unseres Kunden verschoben.

Allein bei diesem Beispiel von ca. 11.250.000 € Umsatzziel je Region ist unser Kunde mit ca. 7,3 % des regionalen Umsatzes ein sehr wichtiger Kunde.

Der Faktor „Verhandlungsmacht" steigt für unseren Kunden um ein Vielfaches.

Weitere Annahmen

Aus Vertriebssicht kann angenommen werden, dass man diesen Kunden nicht verlieren will. Sollte es dennoch zu einem Verlust kommen, stellt sich für die Vertriebsregion die Frage nach einer Alternative.

Wie schnell kann man einen neuen Kunden mit diesem Potenzial, mit diesen Konditionen gewinnen?

Ein Kunde mit diesen Potenzialwerten ist nicht von heute auf morgen zu ersetzen.

Neukunden mit diesem Bedarf wird es auch nicht so viele geben.

Sollte dennoch ein möglicher Neukunde mit diesem Potenzial gefunden werden, begibt man sich direkt in eine Ablöseverhandlung.

An dieser Stelle wird es im ersten Schritt um den Preis gehen.

Die Wahrscheinlichkeit, dass man mit schlechteren Konditionen als beim verlorenen Kunden aus diesem Kundengewinnungsprozess aussteigt, ist sehr groß.

Das wollen die meisten Vertriebsorganisationen vermeiden.

Jetzt rückt das Ziel der Kundensicherung für den Vertrieb mit Priorität 1 in den Vordergrund. Das bedeutet auch gleichzeitig, dass unser Kunde mehrere Optionen für seine Verhandlungsführung erhält.

Die Versuchung ist groß, sich selbst als Kunde oder Lieferant kleinzureden. Verkäufer denken häufig, dass die Verhandlungsmacht in den Händen der Einkäufer liegt. Die Einkäufer denken wiederum, dass die Verhandlungsmacht in den Händen der Verkäufer liegt.

Achten Sie zukünftig auf diese Gegebenheiten. Besonders, wenn Sie es mit international tätigen Unternehmen/Konzernen zu tun haben.

Einige wichtige (kostenpflichtige) Informationsquellen zu Unternehmensdaten

www.dnb.com/ – Dun & Bradstreet – Dun & Bradstreet mit mehr als 6000 Mitarbeitern unterstützt seine Kunden und Partner mit Daten, Analysen und datengestützten Lösungen. Das Unternehmen ist einer der führenden Anbieter in den Bereichen Geschäftsdaten und analytische Erkenntnisse.

www.Genios.de/ Genios – Seit mehr als 40 Jahren versorgt GBI-Genios seine Kunden mit Informationen und Dienstleistungen rund um die Themen Research, eContent, Business Intelligence, Markt- und Firmenwissen. Er vermarktet mehr als 2000 Datenbanken von über 400 Verlagen und Kooperationspartnern.

www.unternehmensregister.de/ Das Unternehmensregister – Das Portal bietet Zugang zu allen wichtigen veröffentlichungspflichtigen Daten über Unternehmen und Zugriff auf das elektronische Handels-, Genossenschafts- und Partnerschaftsregister.

www.handelsregister.de/ – Auf dieser Seite finden Sie die Handels-, Genossenschafts- und Partnerschaftsregister sowie die Vereinsregister aller Bundesländer und darüber hinaus die Registerbekanntmachungen (Veröffentlichungen).

www.bundesanzeiger.de/: Der Bundesanzeiger ist als Amtsblatt neben dem Bundesgesetzblatt ein weiteres Verkündungs- und Bekanntmachungsorgan der deutschen Bundesbehörden. Es wird vom Bundesministerium der Justiz herausgegeben und erscheint im Bundesanzeiger Verlag.

www.firmeneintrag.creditreform.de/: Die Creditreform liefert Daten aus öffentlichen Registern wie dem Handelsregister, Gewerberegister, Insolvenzmeldungen. Zudem können Informationen zu Bilanzen und Geschäftsberichten, Zahlungserfahrungen, Lieferantenrückfragen geliefert werden.

3.7 Profiling von Personen für eine Verhandlung

Profiling, auch als Persönlichkeitsanalyse bezeichnet, bezieht sich auf die systematische Analyse von Verhaltens- und Persönlichkeitsmerkmalen einer Person (vgl. Dauth, 2019).

Das Ziel des Profilings besteht darin, ein umfassendes Bild der Person zu erstellen, einschließlich ihrer Einstellungen, Persönlichkeitsmerkmale, Verhaltensweisen und Vorlieben.

Die Analyse dieser Informationen kann bei einer Verhandlung äußerst sinnvoll sein, um das Verhandlungsergebnis zu beeinflussen.

Einige Faktoren, weshalb ein Profiling bei Verhandlungen so sinnvoll ist

Verhandlungen sind ein psychologisches Spiel
Eine Verhandlung ist in erster Linie ein psychologisches Spiel. Die Fähigkeit, den Verhandlungspartner einzuschätzen und zu verstehen, ist ein entscheidender Faktor für den Erfolg einer Verhandlung.

Profiling gibt Ihnen einen Einblick in die Persönlichkeit des Gegenübers und hilft Ihnen dabei, die richtigen Strategien zu wählen, um das Verhandlungsergebnis zu Ihren Gunsten zu beeinflussen.

Ein Profiling verbessert die Verhandlungsstrategie
Durch Profiling können Sie die Stärken und Schwächen des Gegners einschätzen. Dies kann dazu beitragen, Ihre Verhandlungsstrategie anzupassen, um die Schwächen des Gegners auszunutzen und seine Stärken zu minimieren.

Wenn Sie beispielsweise wissen, dass Ihr Gegner besonders auf eine gute Beziehung achtet, können Sie bestimmte Beeinflussungsvarianten anwenden, die ihn dazu bringen, Zugeständnisse zu machen.

Ein Profiling reduziert die Unsicherheit in der Verhandlung
Das Profiling gibt Ihnen ein besseres Verständnis für die Person, mit der Sie verhandeln, was dazu beitragen kann, Unsicherheiten zu reduzieren.

Wenn Sie wissen, wie Ihr Gegner wahrscheinlich auf bestimmte Argumente oder Taktiken reagieren wird, können Sie Ihre Verhandlungsstrategie entsprechend anpassen. Das reduziert die Unsicherheit und erhöht Ihre Chancen auf ein erfolgreiches Ergebnis.

Profiling verhindert Missverständnisse und Konflikte. Wenn Sie eine Person besser verstehen, können Sie auch Missverständnisse und Konflikte vermeiden.

Wenn Sie beispielsweise wissen, dass Ihr Gegner bestimmte Themen oder Worte als beleidigend empfindet, können Sie diese vermeiden und eine Konfrontation verhindern.

Durch Profiling können Sie auch erkennen, welche Art von Argumenten oder Beweisen wahrscheinlich bei Ihrem Gegner am besten ankommen, was dazu beitragen kann, den Verhandlungsprozess zu erleichtern.

Ein Profiling erhöht die Chancen auf ein erfolgreiches Ergebnis

Was ein Profiling von Personen enthalten sollte

Ein Profiling enthält persönliche Informationen, weil diese Informationen wichtige Einblicke in die Persönlichkeit, das Verhalten und die Motivationen einer Person geben können.

Ein vollständiges Profiling sollte jedoch immer nur solche Informationen enthalten, die für den spezifischen Zweck relevant und notwendig sind.

Persönliche Informationen wie Bildungsstand, beruflicher Hintergrund – schulischer, universitärer und beruflicher Werdegang, Hobbys, Interessen, soziale Aktivitäten, Mitgliedschaften – Funktionen in Vereinen und Verbänden oder Meinungen können dazu beitragen, das Verhalten einer Person vorherzusagen.

Diese Informationen können helfen, Muster in ihrem Verhalten zu erkennen, ihre Entscheidungsprozesse besser zu verstehen und somit das Risiko für bestimmte Handlungen oder Entscheidungen zu minimieren.

Persönliche Informationen wie erkennbare Charakterzüge – persönliche Eigenheiten, Ängste, Vorlieben und Abneigungen können dazu beitragen, emotionale Zustände einer Person besser zu verstehen. Diese Informationen können hilfreich sein, um Reaktionen auf bestimmte Ereignisse oder Situationen besser zu verstehen und entsprechend darauf zu reagieren.

Persönliche Informationen über die Stellung in der Hierarchie des Unternehmens zeigen auf, wie seine Einflussmöglichkeit auf das Ergebnis der Verhandlung ist – welche inhaltlichen und budgetären Entscheidungsbefugnisse/Kompetenz er besitzt und wie sich seine generelle Einflussmöglichkeit auf das Ergebnis der Verhandlung auswirkt.

Persönliche Informationen können auch dazu beitragen, die Entscheidungsfindung einer Person besser zu verstehen. Durch die Kenntnis von Vorlieben, Abneigungen, Prioritäten und Werten einer Person können Entscheidungen besser nachvollzogen und auf ihre möglichen Auswirkungen abgeschätzt werden.

Es ist jedoch wichtig zu beachten, dass persönliche Informationen immer nur mit Zustimmung der betroffenen Person erhoben und verwendet werden sollten. Unternehmen müssen sicherstellen, dass sie sich an alle geltenden Datenschutzgesetze halten und ethisch verantwortungsbewusst handeln, um die Privatsphäre der betroffenen Person zu schützen.

3.7.1 Fragen zum Verhandlungspartner

Orientieren Sie sich an nachfolgenden Fragen (vgl. Troczynski & Löhr, 2018). Sie werden viele Ansätze, neue Möglichkeiten oder Impulse durch diese Fragestellungen finden. Vielleicht sind das auch Fragen, die für Sie nicht zielführend sind. Nutzen Sie einfach die Themen und die Fragestellungen, die für Sie interessant sein können. Diese hier aufgeführten Fragestellungen kommen aus der Praxis. Somit können Sie die für Sie interessanten Fragen auswählen und gleich in die Praxis umsetzen.

> **Beispiel**
>
> Schulischer, universitärer und beruflicher Werdegang/ Qualifikationen?
>
> Stellung in der Hierarchie des Unternehmens?
>
> Welche inhaltlichen und budgetären Entscheidungsbefugnisse besitzt er/sie?
>
> Wie ist seine/ihre Einflussmöglichkeit auf das Ergebnis der Verhandlung?
>
> Namen der Vorgesetzten und sind wir bei diesen bekannt?
>
> Persönliche, kulturelle, sportliche, sonstige andere Interessen?
>
> Erkennbare persönliche Stärken und Charakterzüge?
>
> Persönlichen Eigenheiten, Vorlieben und Hobbys?
>
> Mitgliedschaften, Funktionen in Vereinen, Verbänden?
>
> Welche Verhaltensmuster können wir ihm zuordnen?
>
> Was sind die besonderen Merkmale seiner Gesprächsführung?
>
> Welche Argumente und Einwände benutzte er in der Vergangenheit?
>
> Worauf müssen wir uns besonders vorbereiten?
>
> Gab es in der Vergangenheit schon Berührungspunkte mit dem Verhandlungspartner, wenn ja welche? Wen außer mir kennt mein Verhandlungspartner noch in meinem Unternehmen?
>
> Mit wem aus meinem Unternehmen besteht ein besonderes Vertrauensverhältnis?

Mit wem, außer mir, aus meinem Unternehmen bespricht er Lösungsvorschläge etc.?

Welche Resultate hatten diese Gespräche und wie sind diese zustande gekommen?

Welche geschäftlichen Ziele will mein Gesprächspartner erreichen?

Wie sehen seine konkreten Ziele aus?

Welche Handlungsmotive leiten meinen Verhandlungspartner?

Welchen Nutzen kann ich ihm bieten und wie muss der Nutzen konkret aussehen, damit mein Gegenüber diesen als lohnend bewertet?

Wie muss ich konkret ansetzen, um den Nutzen für ihn überzeugend zu kommunizieren?

Welche Verhaltensweisen und Gesprächsstrategien können zu Widerständen oder in die falsche Richtung führen?

Welche Verhandlungsstärken zeichnen meinen Gesprächspartner aus?

Welche Ergebnisse strebt er in unserer Verhandlung an?

Auch diese Informationen sind wichtig

Sein Kommunikationsstil – direkt, indirekt, offen, verschlossen, aktiv zuhörend.

Beobachten Sie den Kommunikationsstil Ihres Verhandlungspartners und passen Sie Ihren eigenen Stil entsprechend an. Wenn er beispielsweise sehr direkt und sachlich ist, sollten Sie Ihre Argumente auf Fakten und Zahlen stützen. Wenn er hingegen eher emotional und persönlich ist, sollten Sie darauf achten, dass Sie empathisch und einfühlsam sind und darauf eingehen, was ihm wichtig ist.

Sein Verhandlungsstil – aggressiv, kompromissbereit, passiv, fordernd, unterstützend.

Beobachten Sie die Verhandlungspartner sorgfältig und analysieren Sie ihren Verhandlungsstil. Passen Sie Ihre Verhandlungsstrategie an den Verhandlungsstil Ihres Partners an. Wenn Ihr Partner beispielsweise sehr direkt ist, sollten Sie auch direkt antworten.

Wenn Ihr Partner jedoch eher indirekt ist, sollten Sie eine subtilere Strategie verfolgen.

Sind sie eher kompromissbereit, finden Sie Möglichkeiten, um Kompromisse einzugehen, die beiden Seiten gerecht werden. Achten Sie darauf, dass Sie den Wert und die Perspektive Ihres Verhandlungspartners verstehen, um eine Win-Win-Lösung zu finden.

Wenn Ihr Verhandlungspartner aggressiv oder fordernd wird, ist es wichtig, dass Sie ruhig und professionell bleiben. Bleiben Sie höflich und sachlich, auch wenn Ihr Verhandlungspartner versucht, Sie aus der Fassung zu bringen. Lassen Sie Ihren Verhandlungspartner wissen, dass Sie nicht bereit sind, in einer aggressiven oder unangemessenen Weise behandelt zu werden. Setzen Sie klare Grenzen und lassen Sie ihn wissen, dass Sie eine konstruktive und respektvolle Verhandlung bevorzugen.

Sie können auch versuchen, die Gründe und Interessen Ihres Verhandlungspartners zu verstehen. Fragen Sie ihn, was er wirklich will und warum er so aggressiv oder fordernd ist. Wenn Sie die Gründe und Interessen Ihres Verhandlungspartners verstehen, können Sie möglicherweise eine Lösung finden, die für beide Seiten akzeptabel ist.

Wenn Ihr Verhandlungspartner nur auf seine Forderungen besteht, bieten Sie alternative Lösungen an, die für beide Seiten interessant sein können.

Sein Entscheidungsstil – risikobereit, vorsichtig, impulsiv, analytisch, emotional.

Versuchen Sie, den Entscheidungsstil Ihres Verhandlungspartners zu verstehen. Wenn er zum Beispiel eher analytisch und datengetrieben ist, sollten Sie ihm entsprechende Daten und Informationen bereitstellen, um Ihre Argumente zu unterstützen.

Wenn er hingegen eher intuitiv entscheidet, sollten Sie darauf achten, dass Sie Ihre Argumente auf eine Weise präsentieren, die seine Intuition anspricht.

3.7.2 Motive des Verhandlungspartners

Motive der einzelnen Verhandlungsteilnehmer sind die Grundlage dafür, ob das gewünschte Verhandlungsergebnis zustande kommt oder nicht.

Das Bestimmen oder Herausfinden der Motive der Verhandlungspartner kann eine Herausforderung sein (vgl. Hoffmann, 2018). Wenn die Motive des Gesprächspartners erst einmal erkannt wurden, können diese Motive sofort für die Vorgehensweise in der Verhandlungssituation genutzt werden.

Jeder Verhandlungspartner hat seine individuellen Bedürfnisse, aber auch solche, die aufgrund der Zusammenarbeit in einer Gruppe oder Abteilung oder aufgrund von Unternehmenszielen hinzukommen.

Es gibt viele mögliche Motive, die Menschen dazu bringen, eine bestimmte Position in Verhandlungen zu vertreten:

1. Ein Verhandlungspartner benötigt verstärkt Zahlen, Daten, Fakten, damit er sich in der Entscheidung gut fühlt.
2. Andere benötigen ein Sicherheitsgefühl durch Qualität und Garantieleistungen.
3. Wiederum andere Verhandlungspartner legen Wert auf die Partnerschaft.
4. Für weitere Verhandlungspartner sind z. B. Motive in Richtung Innovation bedeutend.

Wenn Sie das Motiv Ihres Verhandlungspartners erst einmal erkannt haben, können sie diese Motive sofort für Ihre Vorgehensweise nutzen!

Welche Motive können die Entscheidung der Verhandlungspartner und seiner Vorgesetzten beeinflussen?

Hier einige Beispiele:

Beispiel Motivgruppe Wirtschaftlichkeit

Gewinnstreben, Spartrieb, Leistung, Wettbewerb, Geld sparen, Kostenreduktion, Schnelligkeit, Zugewinn an Eigentum, Besitz, Profit, Zeit(-ersparnis), Wohlstand.

Beispiel Motivgruppe Sicherheit, Qualität/Service
Zuverlässigkeit, Perfektion, Qualität, Sorgenfreiheit, Umweltverträglichkeit, Gesundheit, gut ausgebildete Mitarbeiter, pünktlicher Zahler, Geborgenheit, Selbsterhaltung, Angst- und Risikofreiheit, Ordnung, Pünktlichkeit, Haltbarkeit, Schnelligkeit, Glaubwürdigkeit, Work-Life-Balance.

Beispiel Motivgruppe Komfort
Einfachheit, Bequemlichkeit, Haltbarkeit, Freude, leicht zu bedienen, Vertrauen, Vielseitigkeit, Glaubwürdigkeit, Service, Schnelligkeit.

Beispiel Motivgruppen Innovation, Fortschritt, soziales Ansehen
Prestige, Image, Ansehen, Stolz, Neuheit, Neugier Überraschungen, „in" sein, Exklusivität, immer auf dem neuesten Stand sein, neueste Technik, Fortschritt, Anerkennung, etwas wert sein, gebraucht werden, Eitelkeit, Stellung, Titel, Anerkennung, Innovation, Neugier, Wissen, Informationen, Nachrichten, Ästhetik, Exklusivität.

Dann gibt es noch diese
Neben den sachlichen Motiven gibt es auch noch die Motive, die sich auf die menschlichen Grundbedürfnisse beziehen.

Versuchen Sie zu erkennen, welche Grundbedürfnisse Ihrem Partner besonders wichtig sind.

Selbstbestimmung	das Gefühl, selbst entscheiden zu können
Leistung/Erfolg	das Gefühl, etwas erreicht zu haben
Vorsicht	das Gesicht wahren können
Anerkennung	die eigene Sicht der Dinge wird von anderen verstanden
Sicherheit	physische und psychische, Schadensvermeidung

Mit einer guten Analyse der beteiligten Personen lassen sich die Erwartungen, Interessen, Ziele und Wünsche Ihrer Verhandlungspartner gut prognostizieren.

Es ist wichtig, die wahren Motive zu erkennen, die auch Sie immer wieder dazu veranlassen, das zu tun, was Sie tun, oder das zu lassen, was Sie lassen. Es geht immer um die Erfüllung bestimmter Bedürfnisse oder Motive. An den Erwartungen beispielsweise zu Organisation, Projektkooperation, Delegation und Führung, Aufgabenvorlieben, Qualitätsansprüchen an die Arbeitsaufgabe, Verhalten in Meetings und Vorlieben beim Umgang mit Informationen und Terminen lässt sich dieses alles bereits indirekt erkennen. Profis lesen darin wie in einem offenen Buch.

So finden Sie die Motive Ihrer Verhandlungspartner heraus

Eine der besten Möglichkeiten, um die Motive der Verhandlungspartner herauszufinden, ist, sie direkt zu fragen. Stellen Sie gezielte Fragen, um mehr über ihre Interessen und Prioritäten in Bezug auf die Verhandlung zu erfahren.

Nutzen Sie hierbei die Technik der offenen Fragen

Sie können andere kaum schneller und unmittelbarer erreichen als durch Fragen. Mit der richtigen Frage erhalten Sie jedwede Information.

Die Fragetechnik hilft nicht nur bei der Führung. Sie ermöglicht es Ihnen auch, die Wünsche und Bedürfnisse Ihrer Verhandlungspartner, Kollegen und auch Ihres Chefs zu ermitteln.

Das hilft nicht nur im Berufsleben, sondern auch im privaten Umfeld.

Hier einige Beispiele:

„Worauf legen Sie besonderen Wert?"

„Was wären für Sie die wichtigsten Ziele unserer heutigen Besprechung?"

„Welche Informationen benötigen Sie für Ihre Entscheidungsfindung?"

„Welche Themen sind für Sie von besonderer Bedeutung?"

„Was müsste geschehen, damit wir am Ende von einem Erfolg sprechen können?"

Eine weitere interessante Fragestellung ist diese:

„Wenn Sie sich heute neu und für uns als ihren neuen Partner entscheiden würden, worauf würden Sie ganz besonderen Wert legen?"

Die Antwort auf diese Frage zeigt sehr häufig eines der aktuellen Bedürfnisse auf, weist sogar auf die aktuelle Unzufriedenheit mit dem vorhandenen Produkt oder Dienstleistung hin.

Das kann ein wichtiger Hinweis auf eines seiner Motive sein.

Lernen Sie das Zuhören

Wenn ich zuhöre, bin ich im Vorteil, wenn ich spreche, sind es die anderen (arabisches Sprichwort).

Das Zuhören ist eine wertvolle Grundlage für Ihre Verhandlung mit vielen Vorteilen.

Sie bekommen genaue Informationen und können sich mental schon auf weitere Details vorbereiten.

Durch genaues Zuhören handeln Sie besonnener und vermeiden gefährliche Entscheidungen aus dem Bauch heraus.

Decken sich Ihre Zusammenfassungen mit dem Gesagten, fühlt sich der Verhandlungspartner verstanden. Sie bringen Ihr Gegenüber in eine positive Ja-Haltung.

Beobachten Sie das Verhalten Ihrer Verhandlungspartner

Wir sind es gewohnt, neben der akustischen Botschaft auch auf die visuellen Reize und die Körpersprache des Gegenübers zu achten und darauf zu reagieren. Achten Sie darauf, was sie sagen und wie sie es sagen, ihre Körpersprache und Gesten. Dies kann Ihnen Aufschluss darüber geben, was für sie wichtig ist und welche Motive hinter ihren Positionen stehen.

Sympathie – die Verbindung zum Verhandlungspartner

Wenn Sie eine Verbindung zu Ihren Verhandlungspartnern aufbauen und Sympathie zeigen, werden sie eher bereit sein, ihre Motive und Bedürfnisse mit Ihnen zu teilen. Stellen Sie sicher, dass Sie empathisch und respektvoll sind, um das Vertrauen Ihrer Verhandlungspartner zu gewinnen.

Profiling

Machen Sie sich im Vorfeld der Verhandlung über Ihre Verhandlungspartner und ihre Hintergründe schlau. Wenn Sie wissen, was für sie wichtig ist, können Sie besser auf ihre Motive eingehen und Ihre Vorgehensweise darauf abstimmen.

Was erwartet der Verhandlungspartner von einer Zusammenarbeit mit Ihnen?

Ein Verhandlungspartner hat in der Regel verschiedene Erwartungen an eine Verhandlung, die davon abhängen können, um welches Thema es sich handelt und welche Ziele er verfolgt.

Erste Annahmen

Es sind zunächst Annahmen, allerdings können wir generell von folgenden Erwartungshaltungen ausgehen.

Ihr Verhandlungspartner möchte in der Regel ein Ergebnis erzielen, das generell für beide Seiten vorteilhaft ist und das seine eigenen Interessen und Ziele berücksichtigt.

Er geht davon aus, dass die Kommunikation während der Verhandlung klar und verständlich ist und dass Missverständnisse vermieden werden.

Ihr Verhandlungspartner erwartet, dass Sie, als der andere Verhandlungspartner, vertrauenswürdig sind und dass er oder Sie sich an Vereinbarungen halten.

Er erwartet, dass Sie, als der andere Verhandlungspartner, respektvoll sind und seine Meinungen und Bedürfnisse respektieren.

Ihr Verhandlungspartner erwartet, dass Sie, als der andere Verhandlungspartner, bereit sind, Kompromisse einzugehen, um zu einem für beide Seiten akzeptablen Ergebnis zu gelangen.

Er erwartet, dass die Verhandlung effektiv und zielgerichtet verläuft und dass Zeitverschwendung vermieden wird.

Zudem wird erwartet, dass die Verhandlung fair und gerecht abläuft und dass keine Partei bevorzugt oder benachteiligt wird.

Setzten Sie sich auf den Stuhl Ihres Verhandlungspartners

Sich in Verhandlungen auch auf den Stuhl des Verhandlungspartners zu setzen, heißt nichts anderes, als die Perspektive des anderen Verhandlungspartners einzunehmen, um seine Interessen und Ziele zu verstehen.

Wenn die andere Seite erkennt, dass man seine Perspektive versteht, kann dies Vertrauen schaffen und dazu beitragen, dass die Verhandlungspartner auf Augenhöhe miteinander verhandeln.

Wenn man die Perspektive des anderen Verhandlungspartners versteht, kann man auch Kompromisse finden, die für beide Seiten akzeptabel sind.

Insgesamt kann das Einnehmen der Perspektive des anderen Verhandlungspartners dazu beitragen, die Verhandlung effektiver und erfolgreicher zu machen.

Es zeigt, dass man bereit ist, sich auf den anderen Verhandlungspartner einzulassen und gemeinsam eine Lösung zu finden, die für beide Seiten vorteilhaft ist.

Wenn Sie Platz genommen haben, lassen Sie sich von folgenden Fragen leiten

Was hat Ihr Verhandlungspartner von einer Zusammenarbeit mit Ihnen?

Was muss er für sein Unternehmen erreichen?

Was zeichnet Ihr Unternehmen aus?

Was kann Ihren Verhandlungspartner veranlassen, sich Ihren Verhandlungszielen anzupassen?

Welche Merkmale/Vorteile können Sie bieten?

Wie lässt sich daraus ein Nutzen für den Lieferanten ableiten?

Auf welchen Märkten steht er im Wettbewerb? Welches sind die wichtigsten Wettbewerber?

Welches sind die wichtigsten Produkte bzw. Dienstleistungen der Wettbewerber?

In welchen Kundengruppen bzw. bei welchen Kunden ist sein Wettbewerbsdruck besonders hoch?

Was sind die wichtigsten Technologien in seiner Wettbewerbssituation?

3.7.3 Die Fragen zur Macht am Verhandlungstisch

Die Feststellung der Verhandlungsmacht des gegnerischen Teams kann eine Herausforderung darstellen, da diese auf den ersten Blick nicht offensichtlich ist.

Neben der Beantwortung der nachfolgenden Fragen ist es wichtig, die Strategie des Verhandlungspartners zu analysieren. Beobachten Sie die Verhandlungsstrategie des gegnerischen Teams und achten Sie auf ihre Verhandlungstaktiken. Finden Sie durch geschickte Gesprächsführung heraus, welche Interessen und Ziele sie verfolgen und welche Taktiken sie verwenden, um diese Ziele zu erreichen. Ein Verhandlungsteam, das selbstbewusst und zielorientiert auftritt, kann den Eindruck erwecken, stärkere Verhandlungsmacht zu haben.

Betrachten Sie auch die Alternativen, die Ihr Verhandlungspartner hat. Überlegen Sie sich, ob das Team andere Verhandlungspartner oder -optionen hat, die es auswählen könnte, wenn die Verhandlungen scheitern sollten. Wenn das Team Ihres Verhandlungspartners gute Alternativen hat, kann dies die Verhandlungsmacht erhöhen.

Die Beziehungsdynamik zwischen den Verhandlungspartnern darf auch nicht unterschätzt werden. Wenn die andere Seite gute Beziehungen zu wichtigen Personen in Ihrem Team hat oder wenn Sie in der Vergangenheit erfolgreich zusammengearbeitet haben, kann auch das die Verhandlungsmacht des gegnerischen Teams erhöhen.

In vielen Verhandlungen werden nicht immer die Entscheider Ihrer Verhandlungspartner am Tisch sitzen. Es wird auch schwierig sein, ein Profil für alle am Verhandlungsprozess beteiligten Personen zu erstellen, besonders dann, wenn Sie diese Personen gerade erst kennen lernen. Dennoch werden Ihnen folgende Fragestellungen auch in diesem Fall für Ihren Verhandlungserfolg weiterhelfen:

Wer ist am Verhandlungstisch der heimliche Meinungsführer?

Wer ist der Experte in der Verhandlungsrunde?

Wer ist der informelle Entscheider?

Welche persönlichen Beziehungen gibt es in den Verhandlungsteams?

Welche persönlichen Vorteile/Nachteile können sich für den Einzelnen ergeben?

Welcher Nutzen kann dem Einzelnen weiterhelfen?

Wer in der Runde trägt das größte Risiko bei einer Fehlentscheidung?

Wer kommt mit wem aus oder auch nicht?

Insgesamt erfordert die Beurteilung der Verhandlungsmacht der anderen Seite ein sorgfältiges Studium der Situation, um ein genaues Bild zu erhalten.

Es ist wichtig, dass Sie Ihre eigenen Stärken und Schwächen sowie Ihre Ziele und Alternativen berücksichtigen, um eine erfolgreiche Verhandlung zu führen. Dazu lesen Sie mehr im Abschn. 3.9 „Drei Ziele sind besser als eins".

3.7.4 Interne Recherche – die „Wer-kennt-wen-Liste"

Eine wichtige Liste für die Verhandlungsvorbereitung ist die „Wer-kennt-wen-Liste". Denn vielfach sind schon andere Mitarbeiter in Kontakt mit Ihren zukünftigen Verhandlungspartnern gewesen. Auch wenn es sich hierbei um subjektive Informationen handelt, könne diese sehr hilfreich für Ihr Vorhaben sein.

Wen außer Ihnen kennt Ihr Verhandlungspartner noch in Ihrem Unternehmen?

Mit wem aus Ihrem Unternehmen besteht ein besonderes Vertrauensverhältnis?

Welche Personen haben neben Ihrem Verhandlungspartner zusätzlich Einfluss auf Verhandlungsergebnisse?

Welche Resultate hatten diese Bemühungen und wie sind diese zustande gekommen?

Nutzen Sie auch die Informationen zur Art der Beziehung und der Einschätzung von Informationsdichte und Glaubwürdigkeit.

Art der Beziehung

Geschäftlich – privat – ehemaliger Kollege – gemeinsames Hobby – freundschaftlich – Streit.

Einschätzungen Informationsdichte	sehr hoch – hoch – mittel – niedrig – unklar.
Einschätzungen Glaubwürdigkeit	sehr hoch – hoch – mittel – niedrig – unklar.

Hier entstehen erste Anhaltspunkte wie intensiv oder weniger intensiv die Kontakte zu den Verhandlungspartnern bestehen.

Wie wichtig es sein kann, diese möglichen Kontakte auch für Ihre Verhandlungsführungen zu nutzen, zeigt folgendes Beispiel einer Kundensituation.

Die Grundlage:
Unser Kunde, ein mittelständisches Unternehmen, liefert für einen Konzern Kunststoffteile für dessen Produktion.

Die Zusammenarbeit läuft seit mehr als 8 Jahren. Beide sind grundsätzlich zufrieden.

Unser Kunde wurde bisher regelmäßig im Oktober eines Jahres zu Preisverhandlungen vom Einkauf des Konzerns eingeladen. Dabei wurde unserem Kunden regelmäßig eine interne Lieferantenbeurteilung vorgelegt. Die Bewertungen lagen grundsätzlich im negativen Bereich.

Beispiel

Zu Beginn wurde unserem Kunden eine Auswertung aus deren Lieferantenbewertung vorgelegt.

Lieferantenqualität: Bewertung der Qualität der gelieferten Produkte.

Lieferantenbewertung: unteres Ende im Vergleich zu anderen Lieferanten.

Lieferzuverlässigkeit: Bewertung der Zuverlässigkeit des Lieferanten, um die Liefertermine einzuhalten.

Lieferantenbewertung: unteres Ende im Vergleich zu anderen Lieferanten.

Preisgestaltung: Bewertung der Preise des Lieferanten im Vergleich zu anderen Lieferanten auf dem Markt.

Lieferantenbewertung: der teuerste im Vergleich zu anderen Lieferanten.

Reaktionsfähigkeit: Bewertung der Fähigkeit des Lieferanten, auf Anfragen und Bestellungen schnell zu reagieren.

Lieferantenbewertung: unteres Ende im Vergleich zu anderen Lieferanten.

Unser Kunde konnte diese Aussagen nicht nachvollziehen.

Daraufhin wurden folgende Maßnahmen beschlossen.

Alle Mitarbeiter unseres Kunden, die Kontakte zu seinem Kunden haben, wurden daraufhin zu einem Gespräch eingeladen.

Den Mitarbeitern wurden die Ergebnisse der Lieferantenbewertung vorgelegt. Daraufhin wurde folgende Vorgehensweise beschlossen.

Jeder Mitarbeiter nahm Kontakt zu seinen Ansprechpartnern im jeweiligen Unternehmensbereich beim Kunden auf. Die Aufgabe bestand darin, den Ansprechpartnern folgende Fragen zu stellen:

Wie zufrieden sind Sie mit unserer Lieferqualität?

Wie zufrieden sind Sie mit der Zuverlässigkeit unserer Terminzusagen?

Wie zufrieden sind Sie mit unserer Reaktionsfähigkeit?

Die Mitarbeiter des Kunden sollten die Antworten in einem Raster von 1–10 bewerten.

10 wurde mit sehr gut definiert – 1 mit sehr schlecht.

Allein diese 3 Fragen wurden alle mit dem Faktor 10 bewertet.

Daraus entstand eine neue Grundlage für ein weiteres Gespräch.

Das war für die andere Seite sicher unangenehm.

Wer lässt sich gerne bei einem Fake erwischen.

Das hat auch mit Gemeinsamkeit und Partnerschaft wenig zu tun.

Letztendlich wurde alles auf eine weitere gemeinsame Zukunft abgestimmt. Die Preisreduktion wurde aufgehoben, bei bestimmten Produkten konnte mein Kunde sogar eine Preiserhöhung erzielen. So muss es sein. Geben und Nehmen ist eine gute Grundlage. So haben beide etwas davon. Und die Sicherheit für weitere Projekte ist auch gegeben.

3.8 Was Sie für Ihre Vorbereitung über die unterschiedlichen Typen wissen sollten

In Verhandlungen haben Sie es regelmäßig mit unterschiedlichen Persönlichkeiten zu tun (vgl. Dauth, 2019).

Jedem Menschen lassen sich tendenziell bestimmte Verhaltensmerkmale zuordnen. Dadurch ist es möglich, unterschiedliche Typtendenzen zu erkennen und zu beschreiben.

Das Wissen über diese unterschiedlichen Typen von Verhandlungspartnern ist sehr wichtig, um in Verhandlungen erfolgreich zu sein. Jeder Verhandlungspartner hat seine eigenen Ziele, Motive, Persönlichkeitseigenschaften und Kommunikationsstile, die das Ergebnis einer Verhandlung beeinflussen können.

Durch das Verständnis der unterschiedlichen Persönlichkeitstypen kann man sich besser auf Verhandlungen vorbereiten und gezieltere Verhandlungsstrategien und Taktiken anwenden. Darüber hinaus kann das Wissen über die Persönlichkeitstypen auch helfen, Konflikte und Missverständnisse in Verhandlungen zu vermeiden. Wenn man die Persönlichkeitstypen versteht, kann man gezielter auf die Bedürfnisse und Anliegen eingehen.

Nachstehend einige Information und Tipps für den Umgang mit den unterschiedlichen Typen.

3.8.1 Der initiative Typ

Die Grundorientierung

Initiative Menschen zeigen in der Regel ein hohes Maß an Energie und sind bereit, Risiken einzugehen, um ihre Ziele zu erreichen. Sie sind oft sehr proaktiv und nehmen Initiative, um Dinge voranzutreiben.

Initiative Menschen neigen dazu, schnell Entscheidungen zu treffen und auf Herausforderungen selbstbewusst zu reagieren. Sie sind in der Regel sehr kreativ und finden oft unkonventionelle Lösungen für Probleme.

Manchmal können sie jedoch auch dazu neigen, impulsiv zu handeln und möglicherweise wichtige Informationen zu übersehen.

Das Verhaltensmuster

Initiative Menschen zeichnen sich durch verschiedene Verhaltensmuster aus, die sie von anderen Typen unterscheiden. Initiative Menschen übernehmen gerne Verantwortung und treffen Entscheidungen ohne Aufforderung.

Sie haben oft eine höhere Toleranz für Risiken als andere Typen und nehmen gerne Herausforderungen an. Sie sind oft bereit, neue Ansätze zu probieren, und passen sich schnell an sich verändernde Situationen an.

Initiative Menschen haben oft ein schnelles Urteilsvermögen und treffen Entscheidungen rasch.

Sie setzen sich klare Ziele und arbeiten hart daran, diese zu erreichen. Sie verfügen über ein großes Selbstbewusstsein und sind bereit, für ihre Überzeugungen einzutreten.

Initiative Menschen haben oft viel Energie und sind in der Lage, auch bei hohen Anforderungen lange durchzuhalten.

Die Motive

Sie sind sehr erfolgsorientiert und setzen sich hohe Ziele, die sie erreichen möchten.

Selbstverwirklichung, Nutzung der Talente und Fähigkeiten sowie der Wunsch nach Unabhängigkeit und Freiheit, um ihre Arbeit nach ihren eigenen Vorstellungen zu gestalten, stehen im Fokus.

Sie stehen gerne im Mittelpunkt und legen sehr großen Wert auf die Anerkennung ihrer Leistungen und schätzen es, wenn ihre Arbeit gewürdigt wird.

Sie haben ein starkes Interesse daran, die Bedürfnisse ihrer Gesprächspartner zu verstehen und diese bestmöglich zu erfüllen.

Ein wichtiger Faktor für ihre Entscheidungen ist auch die Aussicht auf persönliche Vorteile wie höhere Provisionen oder Karrieremöglichkeiten.

Verhalten in der Verhandlung

Ein initiativer Mensch in einer Verhandlung ist oft sehr spontan und energiegeladen.

Er ist schnell entschlossen und handelt oft schnell.

Initiative Personen mögen es nicht, lange zu warten oder viele Details zu diskutieren.

Sie bevorzugen kurze und klare Entscheidungen, die schnell umgesetzt werden können.

Im Verhandlungsprozess neigen sie dazu, ihre Ziele schnell zu benennen und sich aktiv darum zu bemühen, diese Ziele zu erreichen.

Sie gehen oft schnell auf Probleme ein und suchen nach schnellen Lösungen, anstatt lange Zeit in der Analyse zu verbringen.

Sie sind risikobereit und bereit, unkonventionelle Lösungen zu finden, um ihre Ziele zu erreichen.

In Verhandlungen können sie oft zu schnell Entscheidungen treffen, ohne alle Optionen abzuwägen oder ihre Auswirkungen zu berücksichtigen.

Sie neigen auch dazu, sich in Einzelheiten zu verlieren, was zu einer Überlastung des Verhandlungsprozesses führen kann.

Typologische Stärken

Initiative Menschen haben typischerweise Stärken in den Bereichen Kreativität, Überzeugungskraft, Risikobereitschaft, Flexibilität und Anpassungsfähigkeit.

Sie haben oft eine hohe Energie und Begeisterungsfähigkeit, die ihnen helfen, neue Kontakte zu knüpfen und Geschäftsmöglichkeiten zu erkennen.

Zudem sind sie in der Regel sehr zielorientiert und setzen sich hohe Leistungsstandards.

Typologische Schwächen

Initiative Menschen haben oft eine hohe Energie und können ungeduldig werden, wenn sie das Gefühl haben, dass die Dinge nicht schnell genug vorangehen.

Da sie so impulsiv und spontan sind, kann es sein, dass sie sich nicht ausreichend auf eine Verhandlung vorbereiten und dadurch wichtige Details übersehen.

Initiative Menschen können sehr redselig sein und riskieren, dass sie zu viel reden und dadurch wichtige Informationen preisgeben oder ihr Gegenüber überfordern.

Sie gehen oft hohe Risiken ein, um einen Deal abzuschließen. Ab und zu führen diese Risiken zu unerwarteten Problemen.

Initiative Menschen können schnell das Interesse verlieren, wenn die Dinge nicht so laufen, wie sie es sich vorgestellt haben, und dadurch das Ziel aus den Augen verlieren.

Was Sie in Verhandlungen mit diesem Typ vermeiden sollten

In einer Verhandlung mit einem initiativen Menschen sollten Sie vermeiden, zu lange über Details und Nuancen zu sprechen, da sie schnell das Interesse verlieren können.

Versuchen Sie, Ihre Botschaft prägnant und auf den Punkt zu bringen, und stellen Sie sicher, dass Sie eine klare Handlungsaufforderung geben.

Vermeiden Sie es auch, sie zu unterbrechen oder ihre Ideen abzulehnen, da sie normalerweise schnell auf neue Ideen reagieren und bereit sind, Risiken einzugehen.

Stolperfallen von initiativen Menschen in Verhandlungen

Initiative Menschen sind oft sehr zielorientiert und impulsiv, was in Verhandlungen sowohl eine Stärke als auch eine Schwäche sein kann. Einige der Stolperfallen, die für initiative Menschen in Verhandlungen relevant sein können, sind:

Initiative Menschen neigen dazu, schnell Entscheidungen zu treffen, ohne alle relevanten Informationen zu berücksichtigen. In Verhandlungen kann dies dazu führen, dass sie sich zu schnell auf einen Deal einlassen, der für sie nicht optimal ist.

Initiative Menschen wollen oft schnell Ergebnisse sehen und können ungeduldig werden, wenn sich Verhandlungen in die Länge ziehen. In der Folge können sie dazu neigen, Kompromisse einzugehen, die langfristig nicht in ihrem Interesse sind.

Initiative Menschen sind oft sehr zuversichtlich und optimistisch, was ihre Verhandlungsposition betrifft. Dies kann dazu führen, dass sie ihre Position überschätzen und unrealistische Forderungen stellen, die letztendlich zu keinem Ergebnis führen.

Initiative Menschen haben oft klare Vorstellungen darüber, was sie wollen, und können unflexibel sein, wenn es darum geht, Kompromisse einzugehen. Dies kann dazu führen, dass sie in Verhandlungen stecken bleiben und keine Fortschritte erzielen.

Initiative Menschen sind oft sehr spontan und können Dinge sagen, ohne über die Konsequenzen nachzudenken. In Verhandlungen kann dies dazu führen, dass sie ihre Verhandlungsposition schwächen oder sich selbst in eine ungünstige Position bringen.

3.8.2 Der stetige Typ

Die Grundorientierung
Stetige Menschen sind geduldig und verfügen über eine hohe Frustrationstoleranz.

Sie sind freundlich und vermeiden Konflikte, indem sie Kompromissbereitschaft zeigen und diese auch eingehen.

Stetige Menschen sind beständig und zuverlässig, was bedeutet, dass sie ihre Aufgaben pünktlich und gewissenhaft erledigen.

Sie bevorzugen Routinen. Ihre Handlungen und Vorgehensweisen sind vorhersehbar.

Stetige Menschen arbeiten gerne im Team und sind loyal gegenüber Kollegen und Vorgesetzten.

Sie zeigen Verständnis. Den Bedürfnissen anderer stehen sie einfühlsam gegenüber.

Impulsivität gehört nicht zu ihren Stärken. In der Regel werden risikobehaftete Entscheidungen vermieden.

Das Verhaltensmuster

Stetige Menschen haben in der Regel ein ausgeprägtes Bedürfnis nach Sicherheit und Stabilität. Daher zeigen sie oft ein vorsichtiges, zurückhaltendes und entspanntes Verhalten.

Sie bevorzugen eine ruhige und vorhersehbare Umgebung, in der sie sich wohlfühlen und ihr Bestes geben können.

Auf die Vermeidung von Risiken und Unsicherheiten legt dieser Typ einen besonderen Schwerpunkt.

Sorgfältige Planung und Organisation in Verbindung mit Geduld und Ausdauer sind weitere Merkmale.

Weitere Muster sind Anpassungsfähigkeit an bestehende Strukturen und Regeln.

Loyalität und Zuverlässigkeit, Vermeidung von Konflikten und ein ausgeprägtes Harmoniebedürfnis zeichnen diesen Typ aus.

Die Motive

Stetige Menschen bevorzugen eine freundliche, kooperative und harmonische Arbeitsumgebung. Sie vermeiden Konflikte und arbeiten gerne in einem Team.

Sie sind eher risikoscheu und suchen nach langfristiger Sicherheit und Stabilität in ihrer Arbeit.

Stetige Menschen fühlen sich für ihre Arbeit und ihre Gesprächspartner verantwortlich. Sie sind zuverlässig und bemühen sich, die Erwartungen ihrer Gesprächspartner zu erfüllen.

Sie legen Wert auf Vertrauen und Loyalität. Sie sind eher bereit, Geschäfte mit Personen abzuschließen, denen sie vertrauen und die sie gut kennen.

Stetige Menschen bevorzugen klare Anweisungen und arbeiten methodisch und präzise. Sie achten auf Details und vermeiden spontane Entscheidungen.

Verhalten in einer Verhandlung

Ein selbstbewusster und professioneller Auftritt ist für eine erfolgreiche Verhandlung wichtig.

Eine gründliche Vorbereitung auf die Verhandlung ist unerlässlich. Ein stetiger Mensch wird sich auf das Thema der Verhandlung vorbereiten, indem er sich über relevante Fakten und Zahlen informiert, mögliche Szenarien durchspielt und seine Argumente vorbereitet.

Ein stetiger Mensch setzt sich vor der Verhandlung klare Ziele und weiß, was er aus der Verhandlung herausholen will. Er wird seine Ziele realistisch und spezifisch formulieren und kommunizieren.

Sie werden während der Verhandlung klare und präzise Kommunikation verwenden. Sie werden deutlich sprechen und ihre Argumente klar und überzeugend präsentieren. Sie können aktiv zuhören und auf die Argumente der Verhandlungspartner eingehen.

Die Körpersprache ist in einer Verhandlung sehr wichtig. Ein stetiger Mensch wird selbstbewusst und aufrecht stehen oder sitzen, Augenkontakt halten und seine Gestik und Mimik unter Kontrolle halten. Sein ruhiges und kontrolliertes Verhalten kann auch dazu beitragen, die eigene Nervosität in einer Verhandlung zu reduzieren.

Er ist in der Lage, in der Verhandlung auf unerwartete Situationen zu reagieren und flexibel zu bleiben. Er ist immer bereit, neue Informationen zu berücksichtigen und seine Strategie gegebenenfalls anzupassen.

Typologische Stärken

Stetige Menschen sind geduldig und geben nicht so schnell auf. Sie nehmen sich Zeit, um eine Beziehung aufzubauen und die Bedürfnisse ihrer Gesprächspartner kennen zu lernen.

Sie haben eine ausgeprägte Empathie und können sich gut in die Lage anderer versetzen. Sie sind in der Lage, die Bedürfnisse ihrer Gesprächspartner zu verstehen und gezielt darauf einzugehen.

Stetige Menschen sind äußerst zuverlässig und halten sich an Vereinbarungen. Gesprächspartner schätzen diese Eigenschaft, da sie sich darauf verlassen können, dass der Stetige seine Zusagen einhält.

Sie sind ehrlich und haben eine hohe Integrität. Gesprächspartner vertrauen ihnen aufgrund dieser Eigenschaften und sind eher bereit, Geschäfte mit ihnen abzuschließen.

Stetige Menschen sind stark serviceorientiert und bemühen sich immer um das Wohl ihrer Gesprächspartner. Sie sind bereit, auch nach der Verhandlung noch Unterstützung zu leisten und Probleme zu lösen.

Sie scheuen Konflikte nicht, sondern gehen diese aktiv an. Sie sind in der Lage, Konflikte konstruktiv zu lösen und dabei eine gute Beziehung zum Gesprächspartner aufrechtzuerhalten.

Typologische Schwächen

Ein typologischer Nachteil des Stetigen ist der, dass er möglicherweise nicht in der Lage ist, sich schnell an Veränderungen anzupassen oder spontan auf unerwartete Situationen zu reagieren.

Da er darauf bedacht ist, Harmonie und Stabilität zu wahren, kann er auch zögern, Konflikte anzusprechen oder schwierige Gespräche zu führen.

Darüber hinaus kann er sich aufgrund seiner Zurückhaltung und des Wunsches, es jedem recht zu machen, möglicherweise nicht genügend durchsetzen, um das bestmögliche Ergebnis für sich selbst oder das Unternehmen zu erzielen.

Was Sie in Verhandlungen mit diesem Typ vermeiden sollten

In einer Verhandlung mit einem stetigen Menschen ist es wichtig, Konflikte und Druck zu vermeiden.

Stetige Menschen bevorzugen eine ruhige und harmonische Atmosphäre, in der sie Zeit haben, alle Informationen zu sammeln und sorgfältig zu bewerten.

Daher sollten in einer Verhandlung mit einem stetigen Menschen aggressive und überstürzte Verhaltensweisen vermieden werden.

Stattdessen sollte man eine freundliche und kooperative Haltung einnehmen, Geduld zeigen und bereit sein, detaillierte Informationen und Erklärungen zu geben.

Es ist auch wichtig, klare Entscheidungen zu treffen und eindeutige Verpflichtungen einzugehen, um das Vertrauen des stetigen Menschen zu gewinnen.

Stolperfallen von stetigen Menschen in Verhandlungen

Stetige Menschen können sich zu schnell einverstanden erklären, um Konflikte zu vermeiden, bevor sie alle relevanten Fakten und Bedingungen berücksichtigt haben.

Sie können dazu neigen, zu viel nachzugeben oder unnötige Zugeständnisse zu machen, um eine Einigung zu erzielen, selbst wenn es nicht im besten Interesse der Organisation ist.

Stetige Menschen können Schwierigkeiten haben, ihre Position klar zu kommunizieren oder sich in Verhandlungen durchzusetzen, da sie nicht aggressiv oder dominant auftreten.

Sie können an ihrer ursprünglichen Position festhalten und Schwierigkeiten haben, alternative Lösungen zu finden, wenn ihre ursprüngliche Position infrage gestellt wird.

Stetige Menschen können so sehr auf das Aufrechterhalten von Beziehungen fokussiert sein, dass sie nicht in der Lage sind, die harten Fakten der Verhandlung zu sehen und sich auf das eigentliche Ziel zu konzentrieren.

3.8.3 Der gewissenhafte Typ

Die Grundorientierung
Gewissenhafte Menschen sind sehr organisiert und planen gerne im Voraus.

Sie legen großen Wert auf Pünktlichkeit und Zuverlässigkeit, sind sehr genau und achten auf Details.

Sie bevorzugen klare Regeln und Strukturen und können sich schwer an ungewohnte Situationen anpassen.

Sie sind oft sehr gewissenhaft und pflichtbewusst.

Sie können sich sehr stark auf eine Aufgabe konzentrieren und sind oft sehr zielorientiert.

Sie legen großen Wert auf gute Arbeitsergebnisse und streben oft nach Perfektion.

Sie setzen sich auch mal hohe Ziele und verfolgen diese mit großer Ausdauer.

Das Verhaltensmuster
Gewissenhafte Menschen zeichnen sich vor allem durch ein hohes Maß an Sorgfalt und Verantwortungsbewusstsein aus.

Sie sind sehr strukturiert, diszipliniert und achten genau auf Details. Sie haben hohe Standards und sind sehr gewissenhaft, wenn es darum geht, ihre Arbeit gut zu machen.

Gewissenhafte Menschen nehmen sich Zeit, um ihre Arbeit sorgfältig zu erledigen, und achten darauf, dass alle Details berücksichtigt werden.

Sie sind sehr verlässlich und halten sich an Verabredungen und Termine.

Gewissenhafte Menschen erscheinen oft pünktlich und halten Zeitpläne ein.

Sie arbeiten auf der Basis hoher Standards und streben danach, ihre Arbeit perfekt zu machen.

Gewissenhafte Menschen gehen oft sehr vorsichtig und planvoll vor, um Risiken zu minimieren und mögliche Probleme im Voraus zu erkennen.

Die Motive
Gewissenhafte Menschen legen großen Wert auf ihre Verantwortung gegenüber ihren Verhandlungspartnern und dem Unternehmen. Sie möchten ihre Arbeit stets gewissenhaft und korrekt ausführen, um ein hohes Maß an Zufriedenheit und Loyalität zu gewährleisten.

Sie sind sehr genau und sorgfältig bei der Erfüllung von Bedürfnissen und Anforderungen ihrer Verhandlungspartner. Sie möchten sicherstellen, dass alle Details richtig erfasst werden und dass diese die bestmögliche Lösung erhalten.

Gewissenhafte Menschen sind stark auf die Bedürfnisse ihrer Verhandlungspartner ausgerichtet. Sie streben danach, diese schnell und effektiv zu erfüllen, und stellen sicher, dass sie den bestmöglichen Service bieten.

Verhalten in der Verhandlung

Gewissenhafte Menschen sind sehr sorgfältig und präzise in ihrer Analyse von Fakten und Informationen, bevor sie in die Verhandlung gehen und auch Entscheidungen treffen.

Sie legen großen Wert auf respektvollen Umgang mit anderen und suchen nach einer Win-Win-Lösung, die für alle Beteiligten akzeptabel ist.

Gewissenhafte Menschen übernehmen Verantwortung für ihre Entscheidungen und handeln im Einklang mit ihren Werten und ethischen Grundsätzen.

Typologischen Stärken

Gewissenhafte Menschen sind in der Regel sehr genau und achten auf jedes Detail. Sie stellen sicher, dass sie alle Informationen haben, um ihren Verhandlungspartner bestmöglich zu beraten.

Sie sind zuverlässig und halten ihre Versprechen. Kunden können sich auf sie verlassen und wissen, dass sie einen verantwortungsvollen und zuverlässigen Partner haben.

Gewissenhafte Menschen nehmen sich Zeit, um ihre Verhandlungspartner und deren Bedürfnisse wirklich zu verstehen. Sie sind sorgfältig und gründlich in ihrer Arbeitsweise und stellen sicher, dass sie alle Aspekte berücksichtigt haben.

Sie sind verantwortungsbewusst und haben ein hohes Maß an Integrität. Sie sind ehrlich und transparent und halten sich an ethische Standards.

Gewissenhafte Menschen haben in der Regel ausgeprägte analytische Fähigkeiten. Sie können Daten und

Informationen schnell analysieren und daraus Schlüsse ziehen.

Sie bauen langfristige Beziehungen zu ihren Verhandlungspartnern auf und sorgen dafür, dass deren Bedürfnisse stets im Mittelpunkt stehen.

Insgesamt ist ein gewissenhafter Mensch dafür bekannt, dass er sehr gründlich und detailorientiert arbeitet und sich um seine Verhandlungspartner kümmert, um die bestmögliche Lösung zu finden.

Typologische Schwächen
Der gewissenhafte Mensch kann aufgrund seines starken Wunsches nach Richtigkeit und Vollständigkeit in Entscheidungsprozessen manchmal zögerlich und langsam wirken.

Zudem neigt er dazu, sich zu sehr auf Details zu konzentrieren, und kann den Blick für das große Ganze verlieren.

Auch kann er sich unter Umständen schwertun, Entscheidungen zu treffen, da er alle möglichen Konsequenzen abwägt und nicht zu Fehlern oder Risiken bereit ist.

Was Sie in Verhandlungen mit diesem Typ vermeiden sollten
In einer Verhandlung mit einem gewissenhaften Menschen sollten Sie vermeiden, unvorbereitet in die Verhandlung zu gehen. Dieser Typ schätzt es, wenn Sie gut gründlich vorbereitet sind.

Vermeiden Sie Unklarheiten oder Ungenauigkeiten. Diese Faktoren führen zu Verwirrung und Unsicherheiten für den gewissenhaften Typ. Es kann der Eindruck entstehen, dass Sie nicht wissen, was Sie wollen.

Setzen Sie diesen Typ in der Verhandlung nicht unter Druck. Es wird dazu führen, dass sich der gewissenhafte Mensch unwohl fühlt und sich zurückzieht.

Stolperfallen für gewissenhafte Menschen in Verhandlungen

Für gewissenhafte Menschen gibt es in Verhandlungen verschiedene Stolperfallen.

Gewissenhafte Menschen sind oft sehr detailorientiert und neigen dazu, sich intensiv auf Verhandlungen vorzubereiten. Dabei kann es jedoch passieren, dass sie sich in Details verlieren und den Fokus auf das große Ganze verlieren.

Sie legen oft großen Wert auf Harmonie und vermeiden Konflikte. In Verhandlungen kann das dazu führen, dass sie zu schnell Kompromisse eingehen oder Forderungen des anderen akzeptieren, obwohl sie eigentlich nicht damit einverstanden sind.

Gewissenhafte Menschen haben oft Schwierigkeiten damit, auf unerwartete Situationen oder plötzliche Änderungen in Verhandlungen zu reagieren. Sie brauchen oft Zeit, um die Situation zu analysieren und eine Entscheidung zu treffen, was in schnellen Verhandlungen ein Nachteil sein kann.

Sie neigen dazu, alle verfügbaren Informationen zu sammeln und zu analysieren. Das kann in Verhandlungen dazu führen, dass sie zu viel Zeit mit der Analyse von Daten und Informationen verbringen, anstatt schnell Entscheidungen zu treffen und Maßnahmen umzusetzen.

Gewissenhafte Menschen haben oft sehr hohe Erwartungen an sich selbst und andere. In Verhandlungen kann dies dazu führen, dass sie zu hart mit sich selbst und anderen sind und unnötigen Druck aufbauen, der die Verhandlung erschwert.

3.8.4 Der dominante Typ

Die Grundorientierung

Dominante Menschen zeigen oft bestimmte Verhaltensmuster, die sie von anderen unterscheiden.

Sie können sehr selbstbewusst, entschlossen und ehrgeizig sein und haben oft eine starke Präsenz.

Sie sind häufig sehr zielorientiert und haben eine hohe Durchsetzungskraft.

Dominante Menschen neigen auch dazu, Entscheidungen schnell zu treffen und sich durchzusetzen, selbst wenn es auf Kosten anderer geht.

Sie können manchmal auch sehr ungeduldig sein oder ungeduldig erscheinen.

Das Verhaltensmuster

Dominante Menschen erkennen Sie an einer direkten und selbstbewussten Körpersprache.

Sie haben oft eine aufrechte Haltung, lieben den Augenkontakt und gestikulieren selbstbewusst.

Dominante Menschen sind oft schnell in ihrem Handeln.

Sie haben eine selbstbewusste und autoritäre Art zu sprechen, die den Eindruck vermittelt, dass das, was sie sagen, sicher und richtig ist.

Dominante Menschen neigen dazu, sich in Verhandlungen als Führer zu positionieren und das Gespräch zu kontrollieren.

Sie tendieren dazu, schnell Entscheidungen zu treffen und selbstbewusst zu handeln.

In Konfliktsituationen neigen dominante Menschen dazu, ihre Meinung laut und bestimmt zu vertreten und den Konflikt direkt anzugehen, anstatt ihn zu vermeiden oder zu umgehen.

Die Motive

Dominante Menschen werden oft durch das Bedürfnis nach Erfolg und das Streben nach Macht und Anerkennung geleitet.

Sie wollen in der Regel schnell und direkt Ergebnisse erzielen und sind bereit, Risiken einzugehen, um ihre Ziele zu erreichen.

Dominante Menschen setzen sich oft ehrgeizige Ziele und wollen diese mit hoher Geschwindigkeit erreichen.

Zudem haben sie oft einen starken Wettbewerbsgeist und streben danach, besser als ihre Konkurrenten zu sein.

Dominante Menschen verfügen oft über eine hohe Selbstsicherheit und Durchsetzungsfähigkeit und sind bereit, konfrontativ zu verhandeln, um ihre Ziele zu erreichen.

Verhalten in einer Verhandlung

Ein dominanter Mensch tritt in Verhandlungen selbstsicher und überzeugend auf.

Er hat eine klare Vorstellung davon, was er erreichen möchte, und geht entschlossen und zielgerichtet vor.

Er verfolgt seine Ziele und versucht, den Verhandlungspartner zu überzeugen und zu beeinflussen.

Dominante Menschen sind oft sehr kommunikativ und setzen sich aktiv für ihre Position ein.

Sie neigen dazu, schnell und direkt zu sprechen, manchmal auch lauter und energischer als andere Verhandlungspartner.

Typologische Stärken

Der dominante Mensch zeichnet sich typischerweise durch eine starke Überzeugungskraft und Entschlossenheit aus.

Er ist sehr zielorientiert und fokussiert auf den Abschluss.

Er scheut nicht vor Konflikten zurück und ist in der Lage, schnell auf Veränderungen zu reagieren.

Darüber hinaus ist er in der Regel selbstbewusst und kann seine Position klar und deutlich vertreten.

All diese Eigenschaften machen den dominanten Menschen zu einem herausragenden Menschen in bestimmten Situationen, insbesondere bei komplexen und schwierigen Verkaufsgesprächen, in denen schnelle Entscheidungen und klare Führung gefragt sind.

Typologische Schwächen

Der dominante Mensch kann aufgrund seiner Dominanz und seines Fokus auf kurzfristige Erfolge möglicherweise Schwierigkeiten haben, langfristige Beziehungen mit Gesprächspartner aufzubauen und aufrechtzuerhalten.

Außerdem kann er in der Interaktion mit anderen Personen manchmal zu aggressiv oder bestimmend auftreten, was seine zwischenmenschlichen Beziehungen beeinträchtigen kann.

Was Sie in Verhandlungen mit diesem Typ vermeiden sollten

In einer Verhandlung mit einem dominanten Menschen sollten Sie vermeiden, passiv oder unsicher zu wirken, da dies Ihre Glaubwürdigkeit und Ihren Einfluss auf die Situation schwächen könnte.

Vermeiden Sie es auch, sich in Konflikte zu verwickeln, da dominante Menschen oft sehr wettbewerbsorientiert sind und den Wunsch haben zu gewinnen.

Vermeiden Sie es, sich übermäßig emotional oder persönlich zu engagieren, da dies als Schwäche angesehen werden kann und den Respekt des dominanten Verhandlungspartners mindern könnte.

Bleiben Sie ruhig, selbstbewusst und sachlich.

Konzentrieren Sie sich auf Fakten und Argumente.

Stolperfallen von dominanten Menschen in Verhandlungen

Dominante Menschen haben aufgrund ihrer dominanten Persönlichkeit oft das Bedürfnis, in Verhandlungen den Ton anzugeben und ihre Vorstellungen durchzusetzen. Dies kann jedoch zu Stolperfallen führen, zum Beispiel:

Sie tendieren dazu, ihre eigenen Ziele und Bedürfnisse in den Vordergrund zu stellen und die Perspektive des Verhandlungspartners zu vernachlässigen. Es ist wichtig, auch die Perspektive des Gegenübers zu verstehen und Empathie zu zeigen.

Dominante Menschen können dazu neigen, ihre eigene Meinung als die einzig richtige anzusehen und Fakten zu ignorieren, die dieser Meinung widersprechen. Es ist wichtig, objektiv zu bleiben und Fakten und Daten in die Verhandlung einzubeziehen.

Sie haben oft ein hohes Maß an Ehrgeiz und möchten in Verhandlungen unbedingt gewinnen. Dies kann dazu führen, dass sie unvernünftige Forderungen stellen oder sich auf Konfrontationskurs begeben. Es ist wichtig, realistische Ziele zu setzen und auch Kompromisse in Betracht zu ziehen.

Dominante Menschen wollen oft schnelle Ergebnisse und können ungeduldig werden, wenn die Verhandlungen zu lange dauern oder wenn ihre Forderungen nicht erfüllt werden. Es ist wichtig, Geduld zu haben und auch langfristige Perspektiven in Betracht zu ziehen.

3.9   Drei Ziele sind besser als eins

In einer Verhandlung muss man generell eine Unterscheidung zwischen Sach- und Beziehungszielen treffen.

Sachziele beziehen sich auf die konkreten inhaltlichen Ergebnisse, die in der Verhandlung erreicht werden sollen.

Das bedeutet, dass es um die konkreten Forderungen und Angebote geht, die von den Verhandlungsparteien ausgetauscht werden. Diese Ziele können sich auf finanzielle, zeitliche oder andere Ressourcen beziehen, die in der Verhandlung verhandelt werden. Zum Beispiel kann das Sachziel einer Firma in einer Verhandlung mit einem potenziellen Lieferanten sein, einen bestimmten Preis für eine bestimmte Menge von Waren zu verhandeln.

Sachziele sind also diejenigen Ziele, die unmittelbar mit dem Gegenstand der Verhandlung zu tun haben.

Beziehungsziele hingegen beziehen sich auf die Art und Weise, wie die Verhandlungsparteien miteinander umgehen. Sie betreffen das zwischenmenschliche Verhalten und die Beziehung zwischen den Verhandlungspartnern. Beziehungsziele können beispielsweise sein, dass man eine Vertrauensbasis schaffen möchte, dass man den anderen respektvoll behandelt oder dass man die Kommunikation verbessern möchte.

Beide Zielarten sind in der Verhandlung von Bedeutung, da sie sich gegenseitig beeinflussen können. Eine erfolgreiche Verhandlung erfordert sowohl das Erreichen von Sachzielen als auch das Berücksichtigen von Beziehungszielen.

Eine einseitige Fokussierung auf die Sachziele kann die Beziehung zwischen den Verhandlungsparteien belasten und somit das Erreichen der Sachziele erschweren. Umgekehrt kann eine einseitige Fokussierung auf Beziehungsziele dazu führen, dass die Verhandlungsparteien keine sinnvollen Ergebnisse erzielen.

In Verhandlungen geht es auch darum, dauerhaft Vertrauen aufzubauen, damit auch in Zukunft vertrauensvoll verhandelt werden kann.

Setzen Sie das nicht unbewusst aufs Spiel.

3.9.1 Schaffen Sie Klarheit

Ein oft vernachlässigter Aspekt der Verhandlungsplanung ist eine genauere Definition der eigenen Ziele.

Erfolgreiche Verhandlungen beginnen mit einer absoluten Zielklarheit. Unterscheiden Sie aus diesem Grund jede Ergebniskomponente und deren Wichtigkeit für Sie.

Legen Sie vor Verhandlungsbeginn Ihr Ziel präzise fest. Dafür könnten folgende Fragestellungen für Sie hilfreich sein:

Lassen Sie sich von diesen Fragen leiten:

Beispiel

Welche Ergebniskomponente ist für Sie am wichtigsten?
   Welche vertraglichen Inhalte/Konditionen sind für Sie am wichtigsten?
   Welche sind weniger wichtig?
   Was wäre für Sie das bestmögliche, perfekte Ergebnis?
   Was wäre für Sie das zweitbeste Ergebnis?
   Auf welche Teilaspekte können Sie verzichten?
   Zu welchen Kompromissen sind Sie bereit?
   Welche Zugeständnisse wollen Sie machen?
   Wo wollen Sie Zugeständnisse machen?
   Welche Ergebnisse wären nicht akzeptabel?
   Welchen Wert hat die Verhandlung für Sie in Euro (auch Folgekosten oder mögliche Einsparung bedenken)?

Recherchieren Sie auch die Stärken und Schwächen Ihrer Zieldefinitionen.

Betrachten Sie Ihre eigenen Ziele auch aus dem Blickwinkel der Gegenseite. Identifizieren Sie Bereiche, in denen Sie harmonieren.

3.9.2 „Must have", „want to have" oder „nice to have"

Es ist unsere Empfehlung, immer mit drei Zielen in eine Verhandlung zu gehen. Dadurch sind Sie viel flexibler in der Verhandlungsführung.

So sind unsere Ziele definiert:

„Nice to have": Dieses Ziel ist das, was man am liebsten erreichen würde.

Es ist das Ziel, das perfekt wäre, aber nicht unbedingt realistisch ist. Dieses Ziel dient dazu, die Verhandlungsparteien zu motivieren und den Verhandlungsspielraum auszuloten.

„Want to have": Dieses Ziel ist das, was man realistischerweise in der Verhandlung erreichen kann.

Es berücksichtigt die Faktoren, die die Verhandlung beeinflussen, z. B. die Bedürfnisse und Interessen der Verhandlungsparteien, die Marktbedingungen oder Verfügbarkeit etc.

„Must have": das absolute Minimalziel.

Es ist das Ziel, das man akzeptiert, wenn es nicht möglich ist, eines von den vorher genannten Zielen zu erreichen. Das Minimalziel dient dazu, die Verhandlungsparteien darauf vorzubereiten, dass es möglicherweise zu Kompromissen kommen wird.

Wer mit diesen drei Zielen in die Verhandlung geht, erhält mehrere Vorteile.

Durch das Definieren von mehreren Zielen hat man mehrere Optionen und ist in der Lage, flexibler auf Änderungen während der Verhandlung zu reagieren.

Dadurch ist man schon in einer besseren Verhandlungsposition.

Außerdem hilft es, den Fokus nicht nur auf das ideale Ziel zu legen, sondern auch realistischere Ziele zu verfolgen und ein Minimalziel zu haben, um unerwünschte Ergebnisse zu vermeiden.

Auf den Punkt gebracht bedeutet es für Sie

Attraktive Ziele sind glasklar formuliert. Sie wissen ganz genau und können ganz genau sagen, was Sie bis wann erreichen wollen.

Ihr Ziel stellt hohe Anforderungen an Sie, aber es ist auch erreichbar.

Sie glauben daran, dass Sie es schaffen werden.

Es ist mit der Umwelt bzw. dem Umfeld, in der Sie es verwirklichen wollen, verträglich.

Ihre Ziele sind der Maßstab, an dem jede Ihrer Aktivität zu messen ist.

Fragen Sie sich nicht, was Sie gearbeitet haben, sondern was Sie erreicht haben!

Ohne Ziele nutzt auch die beste Zeitplanung nichts, denn der Endzustand jeder Handlung bleibt unklar, wenn Sie ihn nicht vorher definiert haben.

3.10 Alternativen und Optionen

Es ist zwingend notwendig, sich auch über die eigenen Alternativen klar zu werden, damit Sie abschätzen können, wann eine Verhandlung nicht mehr lohnt, weil die Alternative besser ist.

Auch hier ist ein Fragenkatalog hilfreich:

„Welche Alternativen haben Sie, wenn Ihr Wunschergebnis nicht zustande kommt?"

„Wie können Sie diese Alternativen verbessern?"

„Welche besseren Arrangements mit anderen Verhandlungspartnern sind möglich?"

„Was muss an der besten Alternative anders sein, damit Sie besser oder gleich gut wie Ihr ursprünglich angestrebtes Verhandlungsergebnis ist?"

„Wie können Sie die Hemmnisse auf diesem Weg dahin beseitigen?"

„Welche möglichen Vertragskonditionen werden Sie nicht akzeptieren?"

„Auf welche Teilaspekte können Sie verzichten?"

„Welche Chance gibt es, durch einen Verhandlungsabbruch in eine bessere Ausgangslage zu kommen?"

3.10.1 Finden Sie Ihre beste Alternative für eine Verhandlungsübereinkunft („BATNA")

Der Begriff BATNA entstammt dem Buch des von Roger Fisher, William Ury und Bruce Patton entwickelten Harvard-Konzeptes (vgl. zu den folgenden Ausführungen Fischer et al., 2013).

BATNA bedeutet „Best Alternative to a Negotiated Agreement", also die beste Alternative für eine Verhandlungsübereinkunft.

„Was können Sie tun, um Ihre Bedürfnisse bestmöglich zu befriedigen, wenn Sie keine Einigung mit dem Verhandlungspartner in dieser Verhandlung finden können?"

Betrachten Sie die BATNA als Ihr eigenes Sicherheitsnetz für die Verhandlungen.

So finden Sie Ihre BATNA. Lassen Sie sich von diesen Fragen für Ihre BATNA leiten:

Was würde passieren, wenn die Verhandlung nicht so läuft wie geplant?

Welche Handlungsoptionen hätten Sie?

Welche Optionen lassen sich realistisch betrachtet umsetzen?
Welche brächten Ihnen den größten Vorteil?

Alternativen und Optionen sind wichtige Elemente in Verhandlungen. Wenn Alternativen und Optionen vorhanden sind, können sie in Verhandlungen immer flexibler agieren und es wird weniger wahrscheinlich, dass sie an einer Sackgasse landen.

Eine BATNA bezieht sich auf die beste Alternative, die eine Verhandlungspartei hat, wenn keine Vereinbarung in einer Verhandlung erzielt wird.

Mit anderen Worten: Die BATNA ist die beste Option, die eine Partei hat, wenn die Verhandlung scheitert oder wenn sie sich nicht auf eine Vereinbarung einigen kann.

Eine BATNA ist wichtig, da sie als Referenzpunkt für die Verhandlungsstrategie dient. Dabei sollten Sie sich nicht nur auf den Preis beziehen. Beziehen Sie alle möglichen Varianten ein, die für Sie eine Relevanz als Alternative haben. Greifen Sie bei der Bewertung der Alternativen auch auf das Knowhow ihres Verhandlungsteams beziehungsweise auch auf das Knowhow aus den beteiligten Fachabteilungen zurück.

Ihre BATNA hilft Ihnen, die richtige Entscheidung in der Verhandlung zu treffen. Ist Ihr Verhandlungsergebnis besser als Ihre BATNA, können Sie diesem zustimmen. Ist das Ergebnis schlechter als Ihre BATNA, ist ein „Nein" zum Ergebnis die bessere Antwort.

Wenn eine Partei eine starke BATNA hat, kann sie selbstbewusster in die Verhandlung gehen und möglicherweise bessere Bedingungen aushandeln.

Auf der anderen Seite kann eine schwache BATNA bedeuten, dass die Partei in der Verhandlung weniger Macht hat und möglicherweise Kompromisse eingehen muss.

Daher ist es für jede Partei in einer Verhandlung wichtig, eine BATNA zu identifizieren und zu stärken, um die besten Ergebnisse zu erzielen.

Eine BATNA kann auf verschiedene Weise strukturiert werden, je nach Kontext und Zielsetzung der Verhandlung.

Nutzen Sie nachfolgende Schritte, die bei der Strukturierung einer BATNA hilfreich sein können:

Der erste Schritt – identifizieren Sie Ihre Alternativen/ Optionen

Erstellen Sie eine Liste der verschiedenen Alternativen, die Sie haben, wenn Sie keine Vereinbarung in der Verhandlung erzielen können. Berücksichtigen Sie dabei auch nicht offensichtliche Optionen.

Der zweite Schritt – bewerten Sie die Alternativen/ Optionen

Bewerten Sie jede Alternative/Option anhand verschiedener Kriterien wie Kosten, Nutzen, Risiken, Zeitaufwand usw. Priorisieren Sie die Optionen, die Ihre Ziele am besten erfüllen.

Der dritte Schritt – überprüfen Sie die Durchführbarkeit

Überprüfen Sie, ob jede Alternative/Option realistisch und durchführbar ist. Berücksichtigen Sie auch, ob Sie die notwendigen Ressourcen haben, um die Optionen umzusetzen.

Der vierte Schritt – stärken Sie Ihre BATNA

Wenn Sie Ihre BATNA stärken möchten, überlegen Sie, wie Sie Ihre Alternativen/Optionen verbessern können. Welche Schritte können Sie unternehmen, um die Durchführbarkeit oder die Attraktivität Ihrer Alternativen/ Optionen zu erhöhen?

Der letzte Schritt – vergleichen Sie Ihre BATNA mit der Verhandlungsposition der anderen Partei
Wenn Sie Ihre BATNA mit der Verhandlungsposition der anderen Partei vergleichen, können Sie einschätzen, ob Sie eine starke oder schwache Verhandlungsposition haben.

Wenn Ihre BATNA stärker ist als die Verhandlungsposition der anderen Partei, können Sie selbstbewusster in die Verhandlung gehen und möglicherweise bessere Bedingungen aushandeln.

Indem Sie Ihre BATNA strukturieren, können Sie eine klare Vorstellung davon erhalten, welche Alternativen Sie haben, wenn keine Vereinbarung in der Verhandlung erzielt wird.

Dies kann dazu beitragen, Ihre Verhandlungsposition zu stärken und bessere Ergebnisse zu erzielen.

Ein starker Plan „B" ist immer ein psychologischer Vorteil in Verhandlungen
Sie besitzen die Macht, NEIN sagen zu können.

Mit einem starken Plan „B" in der Hinterhand …

… verhandeln Sie souveräner – und sicher auch erfolgreicher,

… wissen Sie genau, wo Ihre Grenzen sind,

… wissen Sie auch, wann Sie aus einer Verhandlung aussteigen sollten.

3.10.2 Setzten Sie sich noch einmal auf den Stuhl Ihres Verhandlungspartners

So wie Sie, wird mit Sicherheit auch Ihr Verhandlungspartner sein Must-have-, Want-to-have- oder Nice-to-have-Ziel festgelegt haben.

Jetzt wechseln Sie die Position und versetzen sich in die Lage Ihres Gesprächspartners:

„Welches Ergebnis erhofft sich Ihr Verhandlungspartner von dieser Verhandlung?"

„Worin besteht sein konkreter Nutzen?"

„Welchen Wert hat diese Verhandlung für ihn materiell?"

„Wie wichtig sind Verhandlung und Ergebnisse für die Gegenseite?"

„Welche Bestandteile hätte deren bestmögliches Ergebnis?"

„Was könnte das zweitbeste Ergebnis für den Partner sein?"

„Welches Ergebnis wäre für ihn nicht akzeptabel?"

„Welche Ergebniskomponenten muss er erreichen?"

„Welche Ergebniskomponenten will er erreichen?"

„Auf welche Teilaspekte kann er verzichten?"

„Welche Verhandlungspunkte und Inhalte sind ihm am wichtigsten?"

„Welche sind ihm weniger wichtig?"

Auch die Alternativen und Optionen der Verhandlungspartner sind wichtig. Ihr Verhandlungspartner wird in der Regel über Alternativen verfügen.

Stellen Sie sich beispielsweise nachfolgende Fragen für ihre Vorbereitung:

„Welche Alternativen hat die Gegenseite zu den Gesprächen mit Ihnen?"

„Welche drei besten Alternativen hat mein Verhandlungspartner, wenn sein Wunschergebnis nicht zustande kommt?"

„Wie kann er diese Alternativen verbessern?"

„Gibt es mögliche bessere Arrangements mit anderen Verhandlungspartnern?"

„Könnte er Verhandlungsinhalte neu kombinieren oder hinzufügen, welche wären es?"

„Was müsste an der besten Alternative anders sein, damit sie besser oder gleich gut ist wie sein ursprünglich angestrebtes Verhandlungsergebnis?"

„Wie könnte er die Hemmnisse auf dem Weg dorthin beseitigen?"

„Welche Wunschkondition könnte die beste Alternative noch positiv beeinflussen?"

Weshalb Sie mit mehreren Forderungen in die Verhandlung gehen sollten

Neben den Zielen gehören die Forderungen zu den wichtigsten Punkten, die Sie definieren sollten.

Die wichtigsten Forderungen sind häufig mit den wichtigsten Zielen identisch.

Allerdings sollten Sie weitere Forderungen in der Vorbereitung definieren, um die Verhandlungsmasse (künstlich) zu erhöhen.

Das Wesen erfolgreichen Verhandelns besteht nicht nur darin, dass man im Regelfall mit einem Angebot beginnt, sondern auch darin, dass die Verhandlungspositionen im Regelfall in Geldbeträgen bestehen, also der „Kuchen" nicht größer gemacht werden kann.

Erfahrene Verhandler erhöhen allerdings die Komplexität der Verhandlung, indem sie Zugaben anbieten oder fordern. Was kann für Ihren Verhandlungspartner wertvoll sein? Vielleicht finden Sie schon Ansätze in seinen Motiven (Profiling).

Was bringt ihm viel, kostet Sie aber wenig.

Variablen wie Zusatzleistungen, Perspektiven, Optionen können eine Verhandlung in eine neue Richtung lenken.

Betrachten Sie das als eine Chance, ohne Gegenleistung wichtige Vorteile zu generieren.

Überlegen Sie auch, welche Zugeständnisse Sie machen können.

Zugeständnisse sind kleine Schritte im Sinne des Gebens und Nehmens

Definieren Sie Ihre Forderungen in 3 Klassen:

1. Forderungen, die von hoher Bedeutung sind;
2. Forderungen, die gut verhandelbar sind und bei denen Konzessionsbereitschaft besteht;
3. Forderungen, die gestellt werden, allerdings nicht erfüllt werden müssen, sondern nur dazu da sind, um Zielsetzungen zu verschleiern, den Verhandlungsspielraum zu vergrößern oder um Nebelkerzen zu legen (vgl. Abb. 3.1).

Beispiele möglicher Zusatzforderungen

Preisreduzierung für aktuelles Jahr – Einordnung als bevorzugter/strategischer Partner – Ausgleich für Folgejahr von aktuellen Preiserhöhungen – Bonus für projektorientierte Bevorzugung – Bonus für XY gelebte Zahlungsmoral – Bonus für langfristige Partnerschaft – Bonus bei Verschlechterung ppm (Liefergenauigkeit) – Bonus bei Verschlechterung ppm (Liefertreue – Zuverlässigkeit) – Bonus für Verlagerung in Konsilager – Preisreduzierung für 2 oder x Jahre mit gleitendem Faktor – Maßnahmen mit x%iger Volumenerhöhung – Werbekostenzuschuss – erweiterte Gewährleistung – finanzielle Beteiligung an sozialen Projekten – Konventionalstrafen – Preisbindungsgarantien – Verbesserung der Zahlungsbedingungen/Zahlungsfristen – Absicherung Währungsrisiken – 24/7

Abb. 3.1 Forderungen

Erreichbarkeit – Schulungen POS (Point of Sale) – 72 h Response Time – Nebenkosten – definierte Ansprech- partner – Abrufe – Wartungen/Intervalle – Preisstaffelungen – Losgrößen.

Zusatzforderungen aus dem Transportumfeld und dem Zubehörbereich.

Berichte in Kundenzeitschriften.

3.11 Der organisatorische Rahmen

Als Gastgeber einer Verhandlung sind Sie in der Ver- antwortung, dass sich Ihr Verhandlungspartner bei Ihnen wohlfühlt. Das Wohlfühlen beginnt schon damit, es z. B. Ihrem Verhandlungspartner zu erleichtern, den Weg zu Ihnen zu finden. Senden Sie ihm eine Wegbeschreibung in einer E-Mail und, wenn vorhanden, auch einen Lage- plan Ihres Unternehmens, wenn es sich z. B. um größere Unternehmen mit mehreren Zufahrtsmöglichkeiten wie eine Fabrik handelt.

Stellen Sie auch sicher, dass ihr Empfangspersonal von Ihrem Termin weiß. Es ist im Grunde genommen unglaublich, was sich in sehr vielen Fällen am Empfang abspielt.

Nachdem der Wunsch geäußert wird, den Partner, mit dem man verabredet ist, zu sprechen, erlebt man vielfach, so oder ähnlich, einen immer gleich lautenden Dialog:

„Sie wollen zu Herrn/Frau … Moment ich schaue mal nach." „Oh entschuldigen Sie, Herr/Frau … hat jetzt eine Besprechung. Da kann ich jetzt nicht stören."

Überflüssig zu erwähnen, dass wir, die Wartenden, die Teilnehmer der Besprechung sind.

Das hinterlässt keinen guten Eindruck.

So bereiten Sie Ihren Besprechungsraum professionell vor:

- Ist ein Raum für __ Teilnehmer reserviert worden?
- Ist der Raum sauber und gelüftet?
- Hat der Raum genügend Tageslicht?
- Sind die Tische richtig gestellt (runder Tisch; rechteckiger Tisch: U-Form)
- Sind genügend Stühle vorhanden?
- Ist ein Telefon vorhanden?
- Welche Medienausstattung wird benötigt, bspw. Beamer, Leinwand?
- Sind Whiteboard, Stifte oder auch Flipchart, Papier vorhanden?
- Sind Medien und Material auf Funktionalität überprüft?
- Ist für Getränke, Kaffee/Tee und Gebäck gesorgt?
- Ist für Imbiss gesorgt?
- Sind ausreichend Geschirr, Besteck und Gläser vorhanden?
- Ist unser Empfang über den Besuch informiert?
- Sind Parkplätze für unsere Besucher reserviert?
- Wer reserviert Restaurant bei auswärtigem Essen etc.?

Überlassen Sie auch hier nichts dem Zufall.

Vor der Verhandlung – Sitzordnung im Team

Nutzen Sie jeden Vorteil, der sich für Sie ergeben kann, wenn Sie eine Verhandlung vorbereiten. Sie müssen entscheiden, ob es ein Heimspiel oder ein Auswärtsspiel werden soll.

Die Vorteile eines Heimspiels liegen auf der Hand.

Sie können die Sitzordnung, die Tagesordnung und die Pausen bestimmen.

Zudem bereitet Ihnen eine Verhandlungsverlängerung weniger Probleme als Ihren Verhandlungspartnern, die möglicherweise eine lange Heimreise verschieben müssen.

Einen wichtigen Einfluss auf Klima und Ablauf der Verhandlung hat die Sitzordnung, wenn mehrere Verhandlungteilnehmer oder -teams am Tisch sitzen.

Sie hat durchaus etwas von einem Schachspiel und orientiert sich in der Regel an zwei Grundmustern.

Beide Seiten sitzen sich frontal gegenüber Dies betont die Fronten der beiden Seiten.

Wichtig ist, jedes Team-Mitglied entsprechend seiner Rolle und Fähigkeiten zu platzieren.

Ihre Mannschaft sollte einen geschlossenen Eindruck vermitteln. Diese Sitzordnung empfiehlt sich vor allem bei „harten" oder langwierig-komplexen Verhandlungen.

Eine weniger formelle, scheinbar zwanglosere Sitzordnung ist das sogenannte **„Runde-Tisch-Gespräch".** Eine solche Anordnung schafft eine entspannte Atmosphäre und empfiehlt sich für eher partnerschaftliche Verhandlungen wie etwa Absprachen über künftige Kooperationen.

Beachten Sie bei der Sitzordnung drei wichtige Grundregeln
Die beiden Leiter sollten sich stets gegenübersitzen.

Der „Gute" sollte möglichst neben dem Leiter platziert sein und mit ihm eine Einheit bilden.

Ihr „Hardliner" sollte möglichst weit weg vom Hardliner der Gegenseite sitzen.

Wie auch immer die Gesprächsteilnehmer platziert sind, wichtig ist der Blickkontakt. Sie brauchen ihn, um die Stimmung der Gegenseite einschätzen zu können, Rückmeldungen aus dem Team zu bekommen, Irritationen und Fehlhandlungen zu vermeiden.

Versuchen Sie immer, Einfluss auf die Sitzordnung zu nehmen. Dabei sollten Sie sich von drei Gesichtspunkten leiten lassen, die von der Dynamik Ihres Teams abhängen:

Wollen Sie eine geschlossene Front bilden und zusammensitzen?

Wollen Sie die Gegenseite „aufbrechen", indem Sie sich zwischen deren einzelne Team-Mitglieder setzen?

Möchten Sie vom Kopfende des Tisches aus gleichsam „die Fäden ziehen"?

Wenn Ihnen eine Sitzordnung zugewiesen wird, dann sollten Sie versuchen, deren strategische Logik zu ergründen.

Sie erhalten so wichtige Aufschlüsse über die Gegenseite: deren Ansichten, ihren Status, aber auch, ob Sie es mit zwanglosen oder harten Gesprächsteilnehmern zu tun haben.

Vermeiden Sie nach Möglichkeit, dass Ihre Verhandlungspartner geschlossene Fronten bilden können.

Platzieren Sie dessen Mitglieder zwischen Ihr Team und setzen Sie den „aggressivsten" Teilnehmer der Gegenseite direkt neben den Leiter Ihres Teams.

Setzen Sie Ihren möglichen „Hardliner" weit weg vom „Hardliner" des Verhandlungspartners.

4

Teil 3: Nachbereitung der Verhandlung gehört auch zur Vorbereitung

Ist eine Verhandlung beendet – ganz gleich mit welchem Ergebnis –, ist es sinnvoll, eine Art Manöverkritik vorzunehmen.

Damit erkennen Sie Fehler, die Sie das nächste Mal vermeiden können, und identifizieren Strategien, die sich als besonders erfolgreich herausgestellt haben.

Gehen Sie nach dem Ende Ihre Verhandlungsgespräche systematisch durch und stellen sich die Frage „Habe ich meine Ziele erreicht?"

Die Ausarbeitung sollten Sie möglichst direkt angehen. Denn jetzt sind das Gesagte und das Vereinbarte noch frisch im Gedächtnis. Gehen Sie die Aufzeichnungen genau durch und überprüfen Sie diese auf Vollständigkeit. Der Versand an die Teilnehmer sollte umgehend erfolgen. Denken Sie auch daran, das Protokoll an Nicht-Teilnehmer aus Ihrem Hause zu senden, für die es interessant ist oder die in irgendeiner Art und Weise involviert oder betroffen sind. Als weiteren wichtigen Punkt in der

© Der/die Autor(en), exklusiv lizenziert an Springer Fachmedien Wiesbaden GmbH, ein Teil von Springer Nature 2023
P. Troczynski, *Verhandlungen optimal vorbereiten*, Fit for Future,
https://doi.org/10.1007/978-3-658-42392-6_4

Nachbereitung empfiehlt sich eine Manöverkritik. Setzen Sie sich noch einmal mit den Teilnehmern aus Ihrem Haus zusammen und stellen sich beispielsweise folgende Fragen:

„Was ist gut gelaufen?"

„Was war nicht so gut?"

„Was hat die Verhandlung erschwert?"

„Was muss verbessert werden?"

„War unsere Strategie/Taktik richtig?"

Hierbei ergeben sich wertvolle Anregungen und Verbesserungsvorschläge für die nächste Besprechung.

Denken Sie dann an den Gesprächseinstieg zurück:

Mit welchen Fragen wollten Sie diese Phase aufrollen? Wie gut war Ihre Analyse? Welchen Weg haben Sie gewählt, um Ihrem Gesprächspartner Ihr Angebot nahezubringen?

Entwickeln Sie anhand der nachstehenden Fragen eine für Sie individuelle Checkliste, mit der Sie Ihre Verhandlungsgespräche erforschen können. Jede persönliche Checkliste wird etwas andere Schwerpunkte setzen.

Eine gute Basis für individuelle Erweiterungen könnte aber folgende Auflistung von Fragen darstellen, und nehmen Sie die nachfolgenden Checklisten zum Anlass, regelmäßig an Ihren Verhandlungen zu feilen und Erfolgsstrategien zu identifizieren.

4.1 Eine Liste von Fragen zur Analyse Ihrer Verhandlung

„Haben Sie sich ausreichend auf die Verhandlung, Ihren Gesprächspartner und sein Anliegen vorbereitet?"

„Haben Sie sich im Vorfeld die richtige Strategie für die Verhandlungen überlegt?"

„Haben Sie Ihre Ziele erreicht? Wenn nein, waren Ihre Ziele realistisch?"

„Können Sie den Grund für das Scheitern festmachen?"

„Können Sie aus dem Scheitern etwas lernen? Wenn ja, was wäre das?"

„Sind Ihnen die Kriterien des Verhandlungspartners für zurückliegende Entscheidungen klar geworden?"

„Hat Ihr Verhandlungspartner verstanden, welchen Nutzen Ihre Leistung/Produkt für ihn hat?"

„Haben Sie verschiedene Techniken angewandt, um den Verhandlungspartner Ihr Angebot zu unterbreiten?"

„Haben Sie den Preis/die Forderung schlüssig und problemlos vermitteln können? Wenn ja, welche Methode haben Sie dabei angewandt?"

„Wie gut konnten die Ziele umgesetzt werden? Was war gut, was war weniger gut?"

„War die gewählte Strategie die richtige?"

„Konnte das Verhandlungskonzept eingehalten werden?"

„Welche Taktiken haben sich bewährt, welche sollten besser weggelassen werden?"

„Welche unvorhergesehenen Situationen sind eingetreten? Wie wurden diese Situationen bewältigt?"

„Was konnten Sie noch über den Verhandlungspartner erfahren?"

„Was ist beim Verhandlungspartner positiv bzw. negativ aufgefallen?"

„Welche Fehler wurden gemacht, und wie sind diese zukünftig zu vermeiden?"

„Welche Aufgaben sind von Ihnen nun umzusetzen?"

„Wie bewerten Sie diese Verhandlung insgesamt?"

4.2   Das Protokoll für Ihre Ergebnisse

Generell können wir Protokolle als wichtigstes Informations- und Arbeitsinstrument in Unternehmen betrachten. Protokolle dokumentieren Inhalt, Verlauf und Ergebnisse von allen Arten von Gesprächssituationen wie Diskussionen, Sitzungen, Konferenzen, Tagungen, Besprechungen und vor allem von Verhandlungen. Protokolle dienen in erster Linie als Dokumentation des Besprochenen und gleichzeitig als Gedächtnisstütze und To-do-Liste für die Teilnehmer.

Die hier niedergeschriebenen Informationen helfen, getroffene Entscheidungen, verteilte Aufgaben oder auch die Ausführung von besprochenen Tätigkeiten organisiert umzusetzen.

Auch für die Historie und für nicht anwesende Mitarbeiter wie Vorgesetzte, andere Fachbereichsmitarbeiter o. a. sind Protokolle wichtige, verbindliche und zuverlässige Informationsquellen, auf die immer wieder zugegriffen werden kann.

Für Verhandlungen bietet sich eine Kombination aus einem Verlaufs- und Ergebnisprotokoll. In Verhandlungen haben wir häufig mit entgegengesetzten Meinungen und Standpunkten der Teilnehmer zu tun. Im Verlaufsprotokoll wird der chronologische Ablauf der Verhandlung aufgezeigt. Inhalte, Reden und Diskussionen der Teilnehmer werden sinngemäß wiedergegeben.

Beim Ergebnisprotokoll liegt die besondere Bedeutung auf der Dokumentation der verhandelten Ergebnisse. Parallel zum chronologischen Ablauf werden hier die zustande gekommenen Ergebnisse zusammengefasst. Sollte die Verhandlung ergebnislos ausgegangen sein, wird auch das festgehalten. In diesem Fall sollten Sie die unterschiedlichen Standpunkte aufzeigen, die zum Scheitern geführt haben. Auch hier ist eine gute Vorbereitung unerlässlich. Egal für welche Protokollform Sie sich entscheiden, klären Sie folgende Fragen:

Sind alle Probleme angesprochen/gelöst worden? – Wen müssen wir für bestimmte Umsetzungen noch einbeziehen? – Was müssen wir unseren Lieferanten liefern, damit er das Ergebnis „intern" besser verkaufen kann? – Sind alle rechtlichen/finanziellen u. a. Komponenten des Ergebnisses berücksichtigt worden?

Zuletzt haben Sie nur noch eins zu tun.

Erstellen Sie einen Maßnahmenkatalog und bewachen Sie die Umsetzung der vereinbarten Maßnahmen. Kontrollieren und überprüfen Sie auch die Personen, die für die Umsetzung eingeteilt wurden, damit auch das geschieht, was im Protokoll vereinbart wurde.

5

Verhandlungserfolg ist planbar

Die eigene Persönlichkeit ist der 1. Schlüssel und einer der größten Erfolgsfaktoren in Verhandlungen!

Dieser Faktor darf niemals unterschätzt werden, denn die Ergebnisse der Verhandlungen hängen immer vom Grad der Fähigkeiten der mit den Verhandlungen betrauten Personen ab.

Der 2. Schlüssel zum Verhandlungserfolg ist die Vorbereitung – eine Checkliste.

Phase 1 ist die inhaltliche Vorbereitung mit Zielen, Forderungen, Alternativen, Optionen und Festlegung der Vorgehensweisen, Strategien, Taktiken und Exitpositionen.

Phase 2 ist die Analyse – Profiling des Unternehmens des Verhandlungspartners.

Phase 3 ist die Analyse – Profiling aller am Verhandlungsprozess beteiligten Personen.

Phase 4 ist die Aufarbeitung der bisherigen Kontakte zwischen den Verhandlungsparteien.

© Der/die Autor(en), exklusiv lizenziert an Springer Fachmedien
Wiesbaden GmbH, ein Teil von Springer Nature 2023
P. Troczynski, *Verhandlungen optimal vorbereiten*, Fit for Future,
https://doi.org/10.1007/978-3-658-42392-6_5

Phase 5 ist die Festlegung eines Leitfadens für die Verhandlungsführung.

Der 3. Schlüssel ist die persönliche Einstellung, auch zu den klassischen Selbstblockaden wie …

… den Lieferanten dürfen wir nicht verlieren;

… es ist der einzige Lieferant, ein anderer ist nicht bekannt;

… wegen der hohen Werkzeugkosten rechnet sich ein Wechsel nicht;

… nur dieser Lieferant erreicht die/den von uns geforderte/n Qualität/Service;

… unser Vertrieb, Technik, Entwicklung schreibt den Lieferanten vor

oder

„Er soll ja ein guter Verhandler sein."

„Bei dem musst du dich warm anziehen."

„Da ist der Dr. Kannichgut mit am Verhandlungstisch – wenn der dabei ist, wird es nicht einfach."

„Die kommen immer zu dritt, dabei fühle ich mich nicht wohl."

Fokussieren Sie auf ein positives Mindset
Drei wichtige Prinzipien für ein positives Mindset:

1. Die innere Einstellung und damit die Bereitschaft und das Wollen sich …
… Wissen anzueignen – es zu üben – das Umgesetzte zu reflektieren – erfolgreiche Handlungsweisen auszubauen und Dinge, die nicht gut waren abzuändern und anzupassen.

2. Die Kommunikation
Beherrschung effektiver Kommunikationsmittel wie Emotionsphysiologie – Beziehungsaufbau, Körpersprache,

Zuhören, Spiegeln, Fragetechniken etc. – Verhandeln ist Kommunikations-Schach.

3. Das Verhandlungsdesign
Kenntnisse über diverse psychologische Phänomene, Strategien und Taktiken – verschiedene Verhandlungsarten – strukturelles Vorbereiten und Durchführen von Verhandlungen etc.

Weitere wichtige Tipps zur Verhandlungsvorbereitung
Stellen Sie sich auf jeden möglichen Ausgang der Verhandlung ein.

Rechnen Sie mit dem Unerwarteten.

Definieren Sie den Punkt, an dem Sie selbst aussteigen würden.

Vergewissern sie sich, dass die beste Alternative auch wirklich (zu dem Preis) zur Verfügung steht, am besten in Form einer Option.

Setzen Sie sich bei jeder Aktion in der Vorbereitung immer auf den Stuhl der Gegenseite – überlegen Sie, was die andere Seite von der Verhandlung erwartet.

Diese Frage sollten Sie sich immer in der Verhandlungsvorbereitung stellen.

Wichtig

Wie lautet die Frage, die die Gegenseite stellen könnte, die für mich

1. unangenehm ist oder 2. auf die ich keine Antwort habe.

VERHANDLUNGSERFOLG IST PLANBAR

Facts, Options, Risks, Decision, Execution, Check (FORDEC) – eine etwas andere Vorbereitung

Was Sie von der Luftfahrt für Verhandlungen lernen können, ist den folgenden Ausführungen zu entnehmen (vgl. dazu Bundesanstalt für Verkehr der Republik Österreich, 2006).

Als eine am Verhandlungsprozess beteiligte Person müssen Sie regelmäßig Entscheidungen treffen und die möglichen Konsequenzen einkalkulieren. Letztendlich sind Sie derjenige, der die Verantwortung übernimmt, auch wenn etwas schiefläuft.

Das wird dann für Sie zu einem persönlichen Dilemma, wenn Sie zu lange mit Ihren Entscheidungen zögern. In Verhandlungen geht es häufig auch um Produktions-, Liefer- oder auch Abgabetermine. Wenn Sie diese Termine verstreichen lassen, kann das extreme Konsequenzen mit sich bringen. Im schlimmsten Fall kann eine ganze Produktion stillstehen.

Das Bestreben der Menschen ist es immer wieder, so wenig Fehler wie möglich zu machen. Der Volksmund belehrt uns da eines Besseren: „Irren ist menschlich." Einige Effekte führen uns fast zwangsläufig zu Fehlentscheidungen, zu falschen Handlungen und lassen uns immer wieder in einige Fallen tappen.

Insbesondere die Vorbereitung der Verhandlung und die daraus resultierende Entscheidung über das Vorgehen sind der Grundstein für eine erfolgreiche Verhandlungsführung.

Am Beispiel aus der Luftfahrt lässt sich dieses Vorgehen erkennen. Piloten und Fluglotsen müssen neben ihrer normalen Routinetätigkeit insbesondere in der Lage sein, auf außergewöhnliche Ereignisse (plötzliches Gewitter, Ausfall eines Triebwerks, Annäherung zweier Flugzeuge etc.) schnell und angemessen zu reagieren. Die Reaktionsmuster zum Umgang mit diesen Situationen müssen regelmäßig im Simulator geübt werden, damit die Abläufe verinnerlicht sind.

Im Folgenden ist ein Beispiel aufgeführt, entnommen aus einem Unfallbericht der Österreichischen Bundesanstalt für Verkehr aus dem Jahr 2006.

Beispiel

Flug Hapag Lloyd 3378 von Kreta nach Hannover am 12.07.2000:

Nach dem Start ließ sich das Fahrwerk nicht einziehen. Die Piloten versuchten mit ausgefahrenem Fahrwerk, trotz erhöhten Treibstoffverbrauchs, einen deutschen Flughafen zu erreichen, um Wartungskosten zu sparen und die Passagiere bequemer und kostengünstiger nach Hannover weiterzubefördern. Wegen des während des gesamten Fluges ausgefahrenen Fahrwerkes war der Treibstoffverbrauch doppelt so hoch, wie bei der ursprünglichen Treibstoffrechnung einkalkuliert wurde. Damit hätte höchstens die halbe Strecke zurückgelegt werden können.

Unterwegs zeigten die Handberechnungen des Copiloten, dass weniger Treibstoff vorhanden war als ursprünglich berechnet; dennoch wurde am Ziel Wien festgehalten, anstatt einen näheren Flughafen auf der Route anzufliegen. Erst als durch Kerosinmangel die Triebwerke bereits ausgefallen waren, wurde durch die Piloten die Luftnotlage erklärt. Ein Triebwerk konnte kurzzeitig wieder angelassen werden, sodass das Flugplatzgelände noch erreicht werden konnte, nicht aber die Landebahn. Das Flugzeug berührte mit einem Tragflächenende etwa 660 m vor der Landebahn erstmals den Boden, in der Folge versagte das linke Hauptfahrwerk, die Maschine schlitterte durch die Anflugbefeuerung der Landebahn und wurde an Fahrwerk, Triebwerken und Rumpf schwer beschädigt. Von den 143 Passagieren wurden 26 bei der Evakuierung nach der Notlandung leicht verletzt, das Flugzeug wurde stark beschädigt. Der Unfallbericht des österreichischen Verkehrsministeriums nennt als eine der Unfallursachen die „fehlende Entwicklung von Alternativstrategien zur Eindämmung des Treibstoffproblems".

(Quelle: Unfallbericht der Österreichischen Bundesanstalt für Verkehr aus dem Jahr 2006 – https://de.wikipedia.org/wiki/Hapag-Lloyd-Flug_3378)

In diesem Bericht lässt sich nachvollziehen, dass gerade in der Luftfahrt Fehlentscheidungen und falsche Handlungen besonders schwerwiegende Folgen haben können. In diesem Fall wurde der Flugkapitän wegen eines gefährlichen Eingriffs in den Luftverkehr zu einer Freiheitsstrafe von sechs Monaten auf Bewährung verurteilt. Nach einigen dieser Vorfälle hat die professionelle Luftfahrt eine Methode entwickelt, die mögliche Fehlerquellen minimieren kann. Diese Methode heißt F O R D E C und hält sich immer an die gleiche Systematik für eine Entscheidungsfindung.

FORDEC steht für
F – Facts: Fakten sammeln
O – Options: Optionen und Alternativen zusammenstellen
R – Risks: Risikoabwägung
D – Decision: Entscheidung treffen
E – Execution: Entscheidungsausführung
C – Check: Überprüfung

F – Facts: Fakten sammeln
Sammeln Sie alles, was Sie an Informationen für die Verhandlung benötigen.

Nutzen Sie alle zur Verfügung stehenden Quellen. Verschaffen Sie sich einen kompletten Überblick über die Personen. Nutzen Sie die Fragen aus dem Code 2. Nutzen Sie das dort beschriebene Profiling und definieren Sie Ihre Verhandlungspartner und alle die am Verhandlungsprozess beteiligten Personen mit den möglichen Verhaltensweisen und den möglichen Persönlichkeitstypen. So lassen sich schon in der Vorbereitungsphase bestimmte Reaktionsmuster erkennen. Darauf können Sie sich vorbereiten.

O – Options: Optionen und Alternativen zusammenstellen

Sobald alle Informationen vorliegen und ausgewertet sind, beschäftigen Sie sich mit Ihren eigenen Zielen und den Zielen Ihrer Gesprächspartner. Welche Optionen und Alternativen stehen Ihnen zur Verfügung? Welche stehen Ihren Verhandlungspartnern zur Verfügung? Wie lautet Ihr Plan B? Wann steigen Sie aus der Verhandlung aus? Nutzen Sie auch hier die Fragestellungen aus dem Code 2 sowie die Zielbestimmungen aus dem Code 3.

R – Risks: Risikoabwägung

Bestimmen Sie alle Vor- und Nachteile. Suchen Sie nach Risiken und möglichen Gewinnen. Schreiben Sie alle Vor- und Nachteile zu Ihren gesammelten Kriterien auf. Wo verbergen sich Gefahren? Setzen Sie sich auch hier auf den Stuhl Ihres Verhandlungspartners. Mit welchen Risiken könnte er rechnen? Was ist auch für ihn als Vor- oder Nachteil zu sehen?

D – Decision: Entscheidung treffen

Jetzt ist der Punkt der Entscheidungsfindung erreicht. Nachdem nun alle Fakten gesammelt, ein umfangreiches Personenprofiling erstellt wurde, die Ziele, Alternativen und Optionen den Risiken gegenübergestellt wurden, kommt die Phase der Entscheidung. Jetzt wählen Sie Ihre Strategie, wählen Sie Ihre Taktiken, die den größten Erfolg für Ihr Verhandlungsziel darstellen und das geringste Risiko beinhalten. Derjenige, der jetzt die Entscheidung trifft, trägt die Gesamtverantwortung für den Verhandlungsablauf.

E – Execution: Entscheidungsausführung

Jetzt wird alles Notwendige für die Umsetzung veranlasst. Wer setzt die Entscheidung wie um? Welche Aufgaben übernehmen Ihre Mitarbeiter, welche leisten Sie?

C – Check: Überprüfung

Nach der Verhandlung ist vor der Verhandlung. Nach jeder abgeschlossenen Verhandlung – ganz gleich mit welchem Ergebnis – ist es sinnvoll, eine Art Manöverkritik vorzunehmen. Damit erkennen Sie Fehler, die Sie das nächste Mal vermeiden können, und identifizieren Strategien, die sich als besonders erfolgreich herausgestellt haben.

Welche Erkenntnisse können Sie aus Ihrem Vorgehensprozess ziehen?

Gehen Sie nach dem Ende Ihre Verhandlungsgespräche systematisch durch und stellen sich die Frage „Haben Sie Ihre Ziele erreicht?"

Die Erkenntnis

Verhandlungserfolg entsteht durch eine detaillierte und vorausschauende Planung von effektiven Handlungsmöglichkeiten zum Erreichen eines Zieles.

Die Basis dafür ist eine gute Vorbereitung. Und die Vorbereitung ist die einzige Phase im Verhandlungsprozess, die Sie selbst im Griff haben.

Das Beste kommt immer zum Schluss

Zum Ende des 15. Jahrhunderts dachten viele Menschen noch, dass die Erde eine Scheibe war. Nur langsam gewöhnten sich die Menschen an den absolut verrückten Gedanken, dass die Erde möglicherweise doch eine Kugel sein kann. „Wenn die Erde eine Kugel ist, dann wird es wohl auch möglich sein, sie in zwei Richtungen zu umrunden. Dann muss es auch einen Weg geben, Indien zu finden." Das waren die ursprünglichen Gedanken eines Mannes namens Christoph Kolumbus.

Letztendlich wurde Christoph Kolumbus nach seiner Rückkehr aus Amerika während eines Essens bei Kardinal Mendoza im Jahr 1493 vorgehalten, das es wohl ein

Leichtes gewesen sei, die „Neue Welt" zu entdecken, es hätte dies schließlich auch jeder andere vollführen können.

Daraufhin verlangt Kolumbus von den anwesenden Personen, ein gekochtes Ei auf der Spitze aufzustellen. Es werden viele Versuche unternommen, aber niemand schafft es, diese Aufgabe zu erfüllen. Man ist schließlich davon überzeugt, dass es sich hierbei um eine unlösbare Aufgabe handelt, und Kolumbus wird darum gebeten, es selbst zu versuchen.

Dieser schlägt sein Ei mit der Spitze auf den Tisch, sodass sie leicht eingedrückt wird und das Ei stehen bleibt.

Als die Anwesenden protestieren, dass sie das auch gekonnt hätten, antwortete Kolumbus:

„Der Unterschied ist, meine Herren, dass Sie es *hätten* tun können, ich hingegen *habe* es getan!"

Das ist tatsächlich das Allerletzte

Die Geschichte vom Ei des Kolumbus zeigt, dass man manche Dinge einfach in die Hand nehmen und sich trauen muss, über seinen Horizont zu blicken und Probleme anzugehen. Verhandlungen sind keine große Wissenschaft.

Mit einer guten Menschenkenntnis, einem gesunden Menschenverstand, Berücksichtigung des Bauchgefühls in Verbindung mit einer detaillierten Vorbereitung sind Sie immer auf dem richtigen Weg zu Ihrem Verhandlungserfolg. Beharrlichkeit, Handlungsbereitschaft, Durchsetzungsvermögen und Ideenreichtum sind weitere Merkmale, um in Verhandlungen ein Ei auf den Kopf zu stellen.

Hauptsache, Sie machen es!

Literatur

Bundesanstalt für Verkehr der Republik Österreich. (2006). *Untersuchungsbericht GZ 85.007/0001-FUS/2006* (200007–12–0 A310 D-AHLB.pdf).

Dauth, G. (2019). *Professionell verhandeln mit DISG*. Wiley.

Gates, S. (2019). *Verhandeln – Das Buch*. Wiley.

Hoffmann, T. (2018). *Das FBI Prinzip*. Ariston.

Fischer, R., Ury, W., & Patton, B. (2013). *Das Havard-Konzept*. Campus.

Kerth, A. S. (2009). *Die besten Strategietools in der Praxis*. Hanser.

Kraljic, P. (1983). Purchasing must become supply management. *Harvard Business Review, 110–117*, 1.

Lorenzen, K. D., & Krokowski, W. (2023). *Einkauf*. Springer Gabler.

Orpheus (2015). *Einkaufsstrategien faktenbasiert formulieren und erfolgreich steuern*. https://www.orpheus-it.com/de/?view=art

© Der/die Herausgeber bzw. der/die Autor(en), exklusiv lizenziert an Springer Fachmedien Wiesbaden GmbH, ein Teil von Springer Nature 2023
P. Troczynski, *Verhandlungen optimal vorbereiten*, Fit for Future, https://doi.org/10.1007/978-3-658-42392-6

icle&id=362:Einkaufsstrategien-faktenbasiert-formulieren-erfolgreich-steuern&catid=23. Zugegriffen: 20. Juni 2023.

Troczynski, P., & Löhr, D. (2018). *Verhandlungen gewinnen*. tredition.

Weiterführende Literatur

Bräkling, O. (2012). *Power in procurement*. Springer Gabler.

Büsch, M. (2019). *Fahrplan zur Transformation des Einkaufs*. Springer Gabler.

Heß, G. (2008). *Supply-Strategien in Einkauf und Beschaffung*. Springer Gabler.

Hirschsteiner, G. (2003). *Beschaffungsmarketing und Marktrecherchen*. Hanser.

Lemme, M. (2005). *Erfolgsfaktor Einkauf*. Cornelsen

Printed in the United States
by Baker & Taylor Publisher Services